5 CONSEJOS PARA EMPEZAR

1) CÓMO RESOLVER LAS SOPA DE LETRAS

Los rompecabezas tienen un formato clásico:

- Las palabras se ocultan sin espacios ni guiones,...
- Orientación: Las palabras pueden escribirse hacia delante, hacia atrás, hacia arriba, hacia abajo o en diagonal (pueden estar invertidas).
- Las palabras pueden superponerse o cruzarse.

2) APRENDIZAJE ACTIVO

Junto a cada palabra hay un espacio para anotar la traducción. Para fomentar un aprendizaje activo, un **DICCIONARIO** al final de esta edición te permitirá comprobar y ampliar tus conocimientos. Busca y anota las traducciones, encuéntralas en el puzzle y añádelas a tu vocabulario!

3) MARCAR LAS PALABRAS

Puedes inventar tu propio sistema de marcado. ¿Quizás ya usas uno? También puedes, por ejemplo, marcar las palabras difíciles de encontrar con una cruz, las que te gustan con una estrella, las nuevas con un triángulo, las raras con un diamante, etc.

4) ESTRUCTURAR EL APRENDIZAJE

Esta edición ofrece un **CUADERNO DE NOTAS** muy práctico al final del libro. En vacaciones, de viaje o en casa, podrás organizar fácilmente tus nuevos conocimientos sin necesidad de un segundo cuaderno!

5) ¿HABÉIS TERMINADO TODAS LAS PARRILLAS?

En las últimas páginas de este libro, en la sección **DESAFÍO FINAL**, encontrarás un juego gratis!

¡Rápido y sencillo! Echa un vistazo a nuestra colección de libros de actividades para tu próximo momento de diversión y aprendizaje, ¡a sólo un clic de distancia!

Encuentre su próximo reto en:

BestActivityBooks.com/MiProximoLibro

En sus marcas, listos, ¡Ya!

¿Sabías que hay unas 7.000 lenguas diferentes en el mundo? Las palabras son preciosas.

Nos encantan los idiomas y hemos trabajado duro para crear libros de la más alta calidad para tí. ¿Nuestros ingredientes?

Una selección de temas adecuados para el aprendizaje, tres buenas porciones de entretenimiento, y luego añadimos una cucharada de palabras difíciles y una pizca de palabras raras. Los servimos con cariño y máxima diversión para que puedas resolver los mejores juegos de palabras y te diviertas aprendiendo!

Tu opinión es esencial. Puedes participar activamente en el éxito de este libro dejándonos un comentario. Nos encantaría saber qué es lo que más le ha gustado de esta edición.

Aquí hay un enlace rápido a tu página de pedidos:

BestBooksActivity.com/Opiniones50

Gracias por tu ayuda y diviértete!

Todo el equipo

1 - Ajedrez

```
Đ  T  Y  L  D  M  T  U  H  A  H  T  B  T  G  T
T  I  H  N  I  S  Y  H  L  R  G  V  M  O  V  R
C  Ơ  Ể  Ô  G  N  C  Y  P  H  H  I  V  É  P  Ò
Ắ  H  P  M  N  O  D  U  C  U  Ộ  C  T  H  I  C
T  C  I  G  C  G  N  Ắ  R  T  R  Q  A  C  C  H
Y  I  O  Ế  Q  N  M  Y  N  G  R  G  M  G  Q  Ơ
U  Ờ  I  P  N  H  P  I  D  Y  B  I  R  N  A  I
Q  Ư  K  O  Â  L  U  U  N  N  V  Ả  T  Ờ  T  G
L  G  R  B  U  Y  Ư  M  H  H  U  I  G  Ư  H  D
O  N  U  C  Q  Q  M  Ợ  D  V  A  Đ  V  Đ  Ờ  L
I  N  Q  P  S  N  N  Q  L  C  U  Đ  Ấ  Y  U  I  K
D  D  K  D  Á  H  L  U  P  B  Ố  U  I  L  G  I
V  C  A  N  U  V  B  H  O  P  I  I  Đ  P  I  O
H  N  R  I  Q  R  H  R  I  I  T  D  E  H  A  M
N  Ữ  H  O  À  N  G  H  K  Y  H  L  N  N  N  D
T  H  Ụ  Đ  Ộ  N  G  Y  G  A  Ủ  B  M  U  R  D
```

TRẮNG	ĐỐI THỦ
QUÁN QUÂN	THỤ ĐỘNG
CUỘC THI	ĐIỂM
ĐƯỜNG CHÉO	QUY TẮC
CHIẾN LƯỢC	NỮ HOÀNG
THÔNG MINH	VUA
TRÒ CHƠI	HY SINH
NGƯỜI CHƠI	THỜI GIAN
ĐEN	GIẢI ĐẤU

2 - Agua

```
A  N  B  G  C  T  C  Ớ  Ư  N  I  Ơ  H  M  G  L
T  U  Y  Ế  T  H  Ơ  L  M  V  L  G  C  M  T  N
D  A  L  T  K  Ủ  N  H  L  H  U  N  K  Ê  N  H
B  I  D  Y  C  Y  B  B  U  M  N  Ơ  V  M  I  I
B  V  N  B  V  L  Ã  V  K  Y  H  Ư  T  K  P  O
M  P  K  A  K  Ợ  O  D  K  L  L  D  Ớ  U  Y  K
D  M  V  O  M  I  Ơ  H  Y  A  B  I  B  C  Q  L
B  O  R  E  S  Y  E  G  N  Ó  S  Ạ  G  I  Đ  I
P  L  I  T  T  U  V  I  N  Y  Y  Đ  A  Q  P  Á
H  Ũ  K  T  V  Y  D  Ó  H  Ố  H  Ộ  C  G  P  G
Y  L  A  L  R  H  Ồ  M  S  K  U  Ẩ  N  M  C  L
H  Ụ  R  V  M  R  U  Ù  O  Ô  Q  M  H  V  Y  R
D  T  H  A  V  R  D  A  Ư  M  N  Q  H  G  N  N
V  Ò  I  H  O  A  S  E  N  Q  N  G  G  C  P  N
R  B  I  B  N  Q  T  K  G  U  G  Q  H  G  L  Y
S  Ư  Ơ  N  G  G  I  Á  P  T  A  A  A  T  I  R
```

KÊNH	MƯA
VÒI HOA SEN	GIÓ MÙA
BAY HƠI	TUYẾT
GEYSER	ĐẠI DƯƠNG
SƯƠNG GIÁ	SÓNG
NƯỚC ĐÁ	UỐNG
ĐỘ ẨM	THỦY LỢI
CƠN BÃO	SÔNG
LŨ LỤT	HƠI NƯỚC
HỒ	

3 - Arqueología

```
D D Đ Á N H G I Á K B Đ K T L K
L I K Ỷ N G U Y Ê N Í Ố R I K K
I Ộ T Q Q R L L B R Ẩ I P C O M
Õ Đ R Í B D C D V O N T R I I V
R U Q H C P H T O Ư Ê Ư B M A V
G G L I V H U R T S U Ợ M P L C
N G I A B T Y T I O Q N Ộ Y D H
Ô Ề C Ổ C M Ê O O Á H G P R Q R
H D N K L Ả N Ề Đ I Ô G N B U I
K Ó I V T N G B G G T N R K G D
N N A T Ă H I D C P B Ơ B T Y C
K U N T L N A V G R B Ư O T L U
Y M G H H R M Ố G Ồ Đ X N A R K
O C P A B Ạ L I P H Â N T Í C H
B U O D K D C G N N Ă M Y P Q O
L Y Q A N V U H L H G I H P C U
```

PHÂN TÍCH
CỔ
NĂM
ĐỒ GỐM
NỀN VĂN MINH
KHÔNG RÕ
ĐỘI
KỶ NGUYÊN
ĐÁNH GIÁ
CHUYÊN GIA

HÓA THẠCH
MẢNH
XƯƠNG
BÍ ẨN
ĐỐI TƯỢNG
QUÊN
GIÁO SƯ
DI TÍCH
NGÔI ĐỀN
MỘ

4 - Granja #2

```
N  K  Y  A  I  Ợ  L  Y  Ủ  H  T  V  T  L  P  L
Â  G  I  A  T  H  Ú  P  C  L  U  Ị  H  R  G  Ú
D  C  Ỗ  H  T  K  A  D  A  T  O  T  Ẻ  G  B  A
G  T  N  N  T  I  M  V  C  Q  O  É  K  Y  Á  M
N  I  Y  D  G  V  Ì  P  H  M  N  G  Ô  T  L  Ạ
Ô  U  T  H  Ứ  C  Ă  N  N  U  A  A  D  Ổ  A  C
N  C  Ố  I  X  A  Y  G  I  Ó  Đ  C  V  O  C  H
T  L  H  N  A  K  Y  R  A  V  Q  Ồ  B  N  H  C
R  L  B  R  V  C  G  L  L  R  H  N  G  Í  D
Á  T  A  N  L  U  C  I  Y  M  P  K  D  G  N  V
I  Ậ  C  Ừ  U  O  N  Y  H  M  A  C  H  L  C  M
C  V  P  I  A  T  N  K  K  N  V  Q  C  H  I  Ỏ
Â  G  Ự  Q  R  C  G  A  K  T  H  R  R  T  Q  A
Y  N  K  A  O  C  L  C  P  T  Q  T  I  C  N  I
O  Ộ  Y  I  N  C  K  K  V  L  G  V  D  K  C  N
Q  Đ  S  Ữ  A  G  Q  D  I  M  B  I  N  K  M  T
```

NÔNG DÂN
ĐỘNG VẬT
LÚA MẠCH
TỔ ONG
THỨC ĂN
TRÁI CÂY
NGỖNG
VỰA
THẺ
SỮA

CHÍN
NGÔ
CỐI XAY GIÓ
CỪU
VỊT
ĐỒNG CỎ
THỦY LỢI
MÁY KÉO
LÚA MÌ
RAU

5 - La Empresa

```
D A N H T I Ế N G Đ P T B O G A
D O A N H T H U N Ơ Ễ R Y Q I I
C V I Ệ C L À M Ợ N I Ì T U R C
Q K O Q B H U B Ư V H N G R H T
B G V G Q V B G L Ị G H R Q T V
G T B B K Y G N T O N B X U M O
S Ả N P H Ẩ M Ơ Ấ G N À U Y C Q
R P U N U N T Ư H K Ê Y H Ế T S
L G L G D A G L C C Y K Ư T O Á
K I N H D O A N H K U P Ớ Đ À N
H T R C Y R G Ề H K H L N Ị N G
K T H Q P I R I C G C Ả G N C T
M I I T N Ủ Ư T U Ầ Đ Q N H Ầ Ạ
O U Y H K R T I Ế N B Ộ D Ă U O
T À I N G U Y Ê N O H A P N N G
T C Ô N G N G H I Ệ P V O Y C G
```

CHẤT LƯỢNG   TRÌNH BÀY
SÁNG TẠO   SẢN PHẨM
QUYẾT ĐỊNH   CHUYÊN NGHIỆP
VIỆC LÀM   TIẾN BỘ
TOÀN CẦU   TÀI NGUYÊN
CÔNG NGHIỆP   DANH TIẾNG
DOANH THU   RỦI RO
ĐẦU TƯ   TIỀN LƯƠNG
KINH DOANH   XU HƯỚNG
KHẢ NĂNG   ĐƠN VỊ

6 - Pesca

```
R A I P K U T O Ổ B T M G K M N
I Y T B A L R H R D T A N I V O
M Ù A Ã H M A D I Ồ M T O Ê O O
Y I L I D C U V Á Ế R H P N G T
U Q Q B L G T D C M T R G N U L
A D K I Ạ Đ G N Ó H P B N H G Y
Q G N Ể C C H Ề M G R U Ị Ã T A
R T C N Q H Q Y K U H R T N U H
C Y Â V B À L U L P Đ N Ư Ớ C H
Y Â N K H M R H T O Ạ P Q Y C L
Q D N I P V L T U Q I T V H B M
N I Ặ A T R Q Q K V D L N N Ồ I
N H N O R C H O Q U Ư C M R B B
R Ấ G N A M V N B U Ơ G M V M U
U H U L Y H I L H A N G R V V T
B O U B D Y T R R B G N Ô S V M
```

NƯỚC
VÂY
THUYỀN
MANG
DÂY
MỒI
CÁI RỔ
NẤU
THIẾT BỊ
PHÓNG ĐẠI

MÓC
HỒ
HÀM
ĐẠI DƯƠNG
KIÊN NHẪN
CÂN NẶNG
BÃI BIỂN
SÔNG
MÙA

7 - Aviones

```
L  I  N  O  B  C  U  Q  P  C  H  U  P  B  N  V
K  Ị  Q  C  Y  Q  D  D  Y  C  H  Y  I  Ầ  M  B
O  A  C  U  Ề  I  H  C  U  A  M  O  B  U  K  V
R  T  K  H  H  À  N  H  K  H  Á  C  H  T  X  T
K  N  A  K  S  Đ  Ổ  B  Ộ  Đ  B  C  N  R  Â  H
T  Q  H  I  R  Ử  D  Y  C  A  Ộ  T  U  Ờ  Y  Ờ
C  Á  N  H  Q  U  Ạ  T  P  O  D  C  P  I  D  I
G  G  C  I  B  I  T  L  H  T  Ơ  B  A  P  Ự  T
A  R  A  Q  G  N  H  A  A  K  C  Ó  C  O  N  I
H  Ư  Ớ  N  G  C  T  H  R  G  G  N  D  Ế  G  Ế
P  H  I  H  À  N  H  Đ  O  À  N  G  P  K  O  T
N  H  I  Ê  N  L  I  Ễ  U  M  Ộ  Ô  O  T  R  U
N  H  I  Ễ  U  L  O  Ạ  N  H  Đ  B  C  Ế  D  L
Q  U  N  G  V  B  Q  C  H  M  U  Q  K  I  Y  K
P  P  M  P  G  Q  M  G  N  Ố  U  X  Ạ  H  H  Y
K  H  Ô  N  G  K  H  Í  Q  T  I  C  B  T  C  P
```

KHÔNG KHÍ	THIẾT KẾ
ĐỘ CAO	BÓNG
CHIỀU CAO	CÁNH QUẠT
ĐỔ BỘ	HYDRO
BẦU TRỜI	LỊCH SỬ
THỜI TIẾT	ĐỘNG CƠ
NHIÊN LIỆU	HÀNH KHÁCH
XÂY DỰNG	PHI CÔNG
HẠ XUỐNG	PHI HÀNH ĐOÀN
HƯỚNG	NHIỄU LOẠN

8 - Tipos de Cabello

```
L  N  T  T  B  K  V  C  U  Y  K  I  B  S  G  A
C  U  N  B  K  H  U  M  A  C  T  O  R  Á  U  Y
O  H  Y  Đ  K  Ỏ  C  I  Y  R  M  A  A  N  H  N
M  K  I  E  R  E  U  S  L  R  U  C  I  G  C  Y
I  R  K  N  L  M  Q  M  G  H  Â  B  D  B  R  R
H  O  M  V  D  Ạ  U  G  L  I  N  D  S  Ó  G  Q
M  R  Ề  Y  B  N  N  M  Á  X  U  À  M  N  K  N
H  Y  M  R  D  H  P  N  O  U  À  I  U  G  M  Q
T  O  I  N  N  Q  Y  A  Q  U  M  U  Q  N  N  D
O  H  Y  G  T  Q  U  Q  A  P  H  Q  D  Ỏ  Q  L
T  Y  U  Ắ  G  H  Y  B  B  Ệ  N  C  T  M  K  T
K  H  Ô  N  R  H  Y  N  Y  L  O  D  L  L  A  G
Q  U  Q  R  T  Ó  C  V  À  N  G  N  Ắ  R  T  N
C  H  K  R  H  C  L  Ạ  M  Y  Ă  O  H  C  Q  C
H  D  Y  I  H  U  U  O  B  À  V  O  Q  R  Y  H
M  Q  C  L  U  L  H  U  U  D  U  H  X  H  Ó  I
```

TRẮNG	ĐEN
SÁNG BÓNG	BẠC
HÓI	XOĂN
MÀU	CURLS
NGẮN	TÓC VÀNG
MỎNG	KHỎE MẠNH
MÀU XÁM	KHÔ
DÀY	MỀM
DÀI	BỆN
MÀU NÂU	BRAIDS

9 - Ciencia Ficción

```
N O L L O V H L R L K K R N C M
Ả G R B L L D T I B A V H P Ô T
B P U A I P O T U H D C T Y N Ự
H L O Y C Ự C Á I G O Ả Q U G Ở
C M I A Ê L T Ư Ơ N G L A I N N
Ị D B R T N E G I C I L R Ớ G G
K A H V R Ế T C Ự H T C N I H T
T À D O L N B Ử N Ổ Ế H Y G Ệ Ư
T H À N H T I N H U Y V A Ế M Ợ
G N A M G A Q R C O U U U H N N
B Ê R G L V Q C Á U H K M T P G
A I D C D Ử V O S B T K Q B P I
T H R V I D A D I P U T V N P Q
D T U Y Ễ T V Ờ I K Ể R Q A Q O
K I I H H I N Y B V I Ô X A X U
A C G C B Í Ẩ N A H T K K D H I
```

NGUYÊN TỬ
XA XÔI
KỊCH BẢN
NỔ
CỰC
TUYỆT VỜI
LỬA
TƯƠNG LAI
THIÊN HÀ
ẢO GIÁC

TƯỞNG TƯỢNG
SÁCH
BÍ ẨN
THẾ GIỚI
TIỂU THUYẾT
ORACLE
HÀNH TINH
THỰC TẾ
CÔNG NGHỆ
UTOPIA

10 - Granja #1

```
H  K  P  H  R  R  C  L  C  T  B  P  Ê  D  D  U
Ạ  R  Q  À  Y  L  C  O  R  Ở  Q  B  P  O  Ạ  G
T  K  G  N  D  G  V  È  N  V  K  O  T  N  P  I
G  B  Y  G  Y  T  G  M  Â  O  P  H  R  K  Q  G
I  B  Ò  R  B  R  C  N  H  G  N  L  Ô  E  B  M
Ố  N  O  À  Y  M  Y  O  C  A  Ự  G  N  Y  T  Ậ
N  M  P  O  Q  Y  R  C  P  P  B  V  D  A  U  T
G  H  Ẹ  P  C  R  O  V  Ắ  I  P  B  D  P  I  O
B  Q  I  I  H  G  Q  T  B  U  R  U  T  D  Q  N
Đ  M  H  T  Ó  P  H  Â  N  B  Ó  N  M  Q  H  G
Ấ  B  G  R  R  T  A  N  I  T  R  I  P  U  O  B
T  N  N  Ư  G  V  O  L  L  Q  I  N  P  U  O  M
G  R  G  Ờ  C  P  H  D  L  I  T  C  V  O  C  G
P  H  N  N  A  T  U  I  B  M  Y  T  Y  L  L  Q
U  U  Ô  G  N  Ư  Ớ  C  U  V  B  A  N  G  B  T
C  O  N  Q  U  Ạ  U  A  A  I  C  H  Y  Q  À  H
```

CON ONG   CON MÈO
NÔNG NGHIỆP   CỎ KHÔ
NƯỚC   MẬT ONG
GẠO   CHÓ
DONKEY   GÀ
NGỰA   HẠT GIỐNG
DÊ   BẮP CHÂN
TRƯỜNG   ĐẤT
CON QUẠ   BÒ
PHÂN BÓN   HÀNG RÀO

11 - Camping

```
D O S M D H A C B Y N U Q Đ B V
O K Ă H Â G Ồ G Q Q R U B È B L
M R N M Y R Q P I I B G G N C Y
T U B R T M I I T T U N L B H
T Ề Ắ Ừ H Ũ I H D Ậ H U R Ồ U C
H L N N Ừ P D O M V L I K N Y R
I A I G N Õ V U G G B K Ế G C Y
Ê B B N G P G D G N Ă R T T Ặ M
N À A Ồ C T U K N Ộ G R T U B Y
N N C U C Y C V Ù Đ R K Y T P !
H B K X N Y C L R U O V Y A L I
I T Ả V A Q C G T Q A L M Y A B
Ê N Q N N Ú I T N Q A G V N L H
N R O P Đ H I H Ô I L K C P Ử K
N M K V T Ồ G Q C C G T G O A U
C Â Y I U Q L O V O C O N B T G
```

ĐỘNG VẬT	LỬA
CÂY	VÕNG
RỪNG	CÔN TRÙNG
LA BÀN	HỒ
CABIN	ĐÈN LỒNG
XUỒNG	MẶT TRĂNG
LỀU	BẢN ĐỒ
SĂN BẮN	NÚI
DÂY THỪNG	THIÊN NHIÊN
THIẾT BỊ	MŨ

12 - Fruta

```
B T I M R B Q N I Q K T M O C G
R L G G R H I A O T Y O U P B N
R U Q I C H G Q L H N D I H N N
I Ơ B I Á R T U B P T D D A B L
L G G À A P L V C C D A Ứ T P Q
R R G O À Đ N Â U X Y Â C A U R
A B M X O Y D L Q N A O A V D Q
Q C A I L D Q N D I Ô X M Â M U
U M V Á K N C L R Ổ H V V M I Ả
Ả Y N R I P Y M Ê N C O G L I K
M I G T N H A H M V I D H A H I
Ơ G O À Đ H N A Ả U Q Ư G N D W
U B À H G N Ọ M Ả U Q A M P M I
N R Đ D Ừ A Đ U Đ Ử T M R P M V
L T U B N H H Y O M N Á U C B H
P R R V L C C H U Ố I T O H N R
```

TRÁI BƠ
QUẢ MƠ
QUẢ MỌNG
QUẢ ANH ĐÀO
DỪA
MÂM XÔI
ỔI
QUẢ KIWI
CHANH
TRÁI XOÀI

TÁO
ĐÀO
DƯA
CAM
CÂY XUÂN ĐÀO
ĐU ĐỦ
LÊ
DỨA
CHUỐI
NHO

13 - Geología

```
M C G I M D I G Đ X Ó I M Ò N A
L Ă P R U Y I L C Ộ Q Q G Y A X
Ụ L N U Ố A Y M A H N G N U D I
C K B G I B P O R N I G Ộ G I T
Đ C G Y Đ K N Q Q A G N Đ N Ể U
Ị R Y C H Á Đ V R H P Ù G Ấ H I
A N Ú I L Ử A U C C U V N H T B
A L B V U V B H C Ạ H T A Ó H O
K H O Á N G S Ả N H A L H Q N V
N B D D Q Q V L K T Q I Q G I L
O I N Y Y Y P C Ớ U T P K R T R
C A O N G U Y Ê N P L I K V C C
C A L C I U M R I S A N H Ô L T
B U M Q K B R L I Y K T K T Y B
O M L V Y C V U Y H K P B Q C L
A O G M V N H Ũ Đ Á Y A A D G H
```

AXIT
CALCIUM
LỚP
HANG ĐỘNG
LỤC ĐỊA
SAN HÔ
TINH THỂ
THẠCH ANH
XÓI MÒN
NHŨ ĐÁ

MĂNG ĐÁ
HÓA THẠCH
DUNG NHAM
CAO NGUYÊN
KHOÁNG SẢN
ĐÁ
MUỐI
ĐỘNG ĐẤT
NÚI LỬA
VÙNG

14 - Álgebra

```
P  B  Y  P  T  S  Ố  L  Ư  Ợ  N  G  R  G  Đ  T
Á  H  U  Y  T  Q  I  L  L  Y  C  I  G  I  Ơ  I
H  A  Ư  B  Ố  T  S  Ơ  Đ  Ồ  B  C  Ề  Ẩ  N  T
P  L  P  Ơ  S  C  U  O  D  T  I  Q  Đ  I  G  T
I  A  S  A  N  M  Ũ  Y  V  Ô  H  Ạ  N  Q  I  K
Ả  P  H  Y  Â  G  P  Q  Ế  M  I  Q  Ấ  U  Ả  K
I  D  G  M  H  U  T  Ừ  D  N  A  O  V  Y  N  D
G  A  C  M  P  H  L  R  B  I  T  T  A  Ế  H  G
S  Ố  K  H  Ô  N  G  T  Ì  C  C  Í  R  T  Ó  T
B  I  Ế  N  H  D  A  P  B  N  Ứ  Q  N  Ậ  A  C
P  T  T  Ố  H  G  K  É  M  K  H  R  B  H  N  G
K  P  C  C  U  H  H  H  C  T  T  V  O  T  A  I
G  B  V  P  R  G  S  P  L  O  G  G  O  B  V  O
K  C  Q  P  L  Q  Ố  I  Y  Y  N  Y  Q  U  H  D
K  U  R  N  D  M  V  Q  A  D  Ô  L  Q  K  U  I
L  G  V  Q  Y  K  Q  N  D  I  C  Ặ  O  G  N  N
```

SỐ LƯỢNG	TUYẾN TÍNH
SỐ KHÔNG	MA TRẬN
SƠ ĐỒ	SỐ
PHƯƠNG TRÌNH	NGOẶC
MŨ	VẤN ĐỀ
TÓ	GIẢI QUYẾT
SAI	PHÉP TRỪ
CÔNG THỨC	ĐƠN GIẢN HÓA
PHÂN SỐ	GIẢI PHÁP
VÔ HẠN	BIẾN

15 - Plantas

```
A  V  L  K  B  I  N  O  Q  E  R  T  N  O  D  U
D  V  M  P  H  C  I  C  U  R  Ê  G  P  G  L  M
M  Ặ  T  T  R  Ờ  I  R  Ả  Ừ  U  T  I  L  R  N
O  G  U  P  F  C  L  K  M  N  B  H  U  H  P  U
C  C  T  B  L  Q  C  K  Ọ  G  R  Ự  M  O  V  P
R  U  Â  H  O  B  Ố  H  N  V  Y  C  M  A  Q  H
T  M  H  Y  R  U  G  L  G  H  Q  V  U  O  Q  Â
P  C  L  R  A  M  N  I  V  Y  L  Ậ  B  H  V  N
X  Ư  Ơ  N  G  R  Ồ  N  G  B  Á  T  Q  H  B  B
H  Ạ  T  Đ  Ậ  U  U  T  U  B  P  H  Q  N  B  Ó
O  H  Q  L  O  U  G  U  H  C  M  Ọ  M  Á  Ụ  N
K  U  G  V  Ư  Ờ  N  A  H  Ự  V  C  T  C  I  B
I  K  U  H  Y  H  N  C  T  C  C  L  G  D  C  C
C  M  Q  K  L  R  Y  C  Q  I  V  V  Y  M  Â  P
A  K  D  B  M  V  P  Ở  G  M  R  H  Ậ  T  Y  Q
I  A  I  G  V  T  U  G  G  P  P  U  Q  T  D  D
```

BỤI CÂY	LÁ
CÂY	HẠT ĐẬU
TRE	IVY
QUẢ MỌNG	CỎ
RỪNG	VƯỜN
THỰC VẬT HỌC	RÊU
XƯƠNG RỒNG	CÁNH HOA
PHÂN BÓN	NGUỒN GỐC
HOA	MẶT TRỜI
FLORA	THỰC VẬT

16 - Suministros de Arte

```
I  Q  B  S  K  C  R  L  Ế  H  G  M  N  C  U  Q
A  Y  T  À  Á  Ý  T  Ư  Ở  N  G  N  H  H  L  A
K  P  Q  I  N  N  T  O  C  Ả  O  O  H  K  N  G
V  G  Y  R  P  C  G  U  O  Y  Ẩ  T  H  P  Q  C
N  Q  H  M  C  I  H  T  A  Á  U  H  B  M  M  A
I  K  M  G  T  L  V  Ả  Ạ  M  C  T  D  R  B  G
L  N  A  T  K  Y  U  A  I  O  E  K  V  M  P  D
B  C  N  H  Q  R  A  G  K  I  I  Y  G  À  I  Ằ
I  P  U  M  Y  C  Ắ  S  U  À  M  I  E  U  V  U
A  B  À  N  K  A  D  G  Đ  Y  A  L  A  N  O  H
I  U  T  K  B  Y  D  G  T  Ấ  N  N  S  Ư  S  D
H  L  M  Q  A  H  N  D  Y  I  T  V  E  Ớ  Ơ  N
L  M  H  H  G  U  Q  G  C  G  D  S  L  C  N  G
O  P  C  R  N  Ư  Ớ  C  M  Ự  C  K  É  U  L  L
R  B  Ú  T  C  H  Ì  T  B  B  U  N  T  T  A  R
P  A  S  T  E  L  S  D  K  C  T  P  R  I  N  B
```

DẦU	SÁNG TẠO
ACRYLIC	Ý TƯỞNG
MÀU NƯỚC	BÚT CHÌ
NƯỚC	BÀN
ĐẤT SÉT	GIẤY
TẨY	PASTELS
EASEL	KEO
MÁY ẢNH	SƠN
BÀN CHẢI	GHẾ
MÀU SẮC	MỰC

17 - Negocio

```
L K A P K G N Â H N Ủ H C L N C
P A I L O Y T G N Ô C D N D V Ử
Ẹ M Y G Y P R D Â R M D Y M A A
I H M N I R R K D N Á B A Y A T
H U H Ò C A H K K Ề S A K G P I
G K H H G C O L M I U Á Q P P Ẽ
N T K P O U P D A T N I C Ậ N M
Ề O C N U H R P Ị D D P L H H H
H P Y Ă Đ Ầ U T Ư C C U A N Â À
G U H V A K A D H D H H Q U N N
N H À M Á Y I D Y D M I K H V G
R N C H D N H N Í H C I À T I H
G I Ả M G I Á Í H P I H C L Ê Ó
P T T K K D B B Ẹ T N Ề I T N A
H V U L K T H U Ế K Ế O H I I C
C V G I T R M R G L L C A V P N
```

NGHỀ NGHIỆP   THUẾ
CHI PHÍ   THU NHẬP
GIẢM GIÁ   ĐẦU TƯ
TIỀN   HÀNG HÓA
KINH TẾ   TIỀN TỆ
NHÂN VIÊN   VĂN PHÒNG
CHỦ NHÂN   NGÂN SÁCH
CÔNG TY   CỬA TIỆM
NHÀ MÁY   GIAO DỊCH
TÀI CHÍNH   BÁN

18 - Jardín

```
A V T M H T Q K L U V I A Đ C A
G P Ư W E E D S Đ Ấ T V T Á M Ỏ
B N P Ờ V Õ N G V H Q Ò Ạ K R T
A K P G N I L V G U U I B B M L
M O G A K M R M P L T T M C I P
C M A V Q Y M K V G I O Ấ T Q A
U C L N H O A D M G A À T H Ẻ K
B N Q D Y P B O T G O R D Q N B
Ụ O M D H V V M M M H G A V A V
I Q Q O G V O Q T M R N H T R V
C H Y M H D O V O Y O À L C D N
Â I B P T A R Q M P D H H P V L
Y Ê X Ẻ N G Q S Â N T H Ư Ợ N G
O N B Ă N G G H Ế R L M L L Q B
Q M V K N K H Y R Q A Y C G G V
V T H B Y Â C À O A N M N T R V
```

BỤI CÂY
CÂY
BĂNG GHẾ
AO
HOA
GA-RA
VÕNG
CỎ
THẺ
VƯỜN

WEEDS
VÒI
XẺNG
HIÊN
CÀO
ĐÁ
ĐẤT
SÂN THƯỢNG
TẤM BẠT
HÀNG RÀO

19 - Países #2

```
M L T I R B D O P C M A G V Q M
U M A K T K B A I R Y S I I O Y
E T H I O P I A C Q Q I N E B M
Q T O H À T O U G I R T U T Ồ D
G R U K L S U D A N A V K N Đ N
Đ C A D R I K L Y V G M R A À O
U A I S E N O D N I I E A M O D
M I N P U C N P Á H P X I J N D
N N Ẩ M N P C Ạ A H T I N R H M
G A B M Ạ C M L P K U C A M A D
A B T L V C I Y Á Y I O K L I T
K L Ậ A K B H H O Q R S I M P G
M A H P Q I U B C O T C T V G M
A D N A G U U N L O B I V A A K
I R E L A N D C O R K K R R N Q
P Y K L G I D G O B L R U T K G
```

ALBANIA	NHẬT BẢN
VIETNAM	LÀO
ÁO	MEXICO
ĐAN MẠCH	PAKISTAN
ETHIOPIA	BỒ ĐÀO NHA
PHÁP	NGA
HY LẠP	SYRIA
INDONESIA	SUDAN
IRELAND	UKRAINA
JAMAICA	UGANDA

20 - Tecnología

```
C  B  D  I  M  C  N  Ê  C  D  Q  T  K  A  L  N
K  T  C  N  Á  Y  P  K  Ả  P  G  H  Q  U  M  V
H  N  Í  T  Y  Á  M  G  K  O  A  Ô  U  I  M  O
N  Y  T  Ẻ  Ả  C  O  N  T  R  Ỏ  N  Y  K  À  L
Ộ  P  V  R  N  M  C  Ố  U  G  V  G  K  V  N  R
I  I  L  N  H  T  N  H  O  T  L  Đ  Ỹ  I  D  R
U  H  U  E  U  Ệ  M  T  K  Y  T  I  T  R  G  I
V  A  B  T  O  Y  R  N  K  V  Ẽ  H  Ú  U  Y
V  C  V  L  U  U  T  L  I  R  B  P  U  T  P  L
L  R  O  R  Y  D  Ệ  M  R  L  G  H  Ậ  T  L  D
B  R  C  C  Y  H  C  I  V  O  G  I  T  Y  D  Y
T  Ậ  P  T  I  N  Y  H  L  D  M  C  S  L  A  B
B  T  H  B  C  Ì  K  G  Ữ  Ữ  N  G  Ố  P  B  V
N  B  L  O  G  R  Q  P  A  D  D  R  T  K  T  A
I  G  I  M  K  T  H  U  H  P  H  Ầ  N  M  Ề  M
R  N  G  H  I  Ê  N  C  Ứ  U  A  N  N  I  N  H
```

TẬP TIN
BLOG
NỘI
MÁY ẢNH
CON TRỎ
DỮ LIỆU
KỸ THUẬT SỐ
THỐNG KÊ
CHỮ
INTERNET

NGHIÊN CỨU
THÔNG ĐIỆP
TRÌNH DUYỆT
MÁY TÍNH
MÀN
AN NINH
PHẦN MỀM
ẢO
VI RÚT

21 - Números

```
T  T  T  H  T  V  O  Y  P  Y  A  T  R  R  P  M
A  H  A  Q  A  U  Y  Ả  B  I  Ờ  Ư  M  Ă  N  Ư
R  Ậ  B  V  C  I  M  B  C  A  M  R  Á  D  Ố  Ờ
C  P  G  H  U  A  M  Ư  Ờ  I  D  M  T  K  B  I
G  P  B  M  V  H  R  H  C  L  B  Ư  C  L  I  C
B  H  T  L  R  I  Q  U  Á  S  I  Ờ  B  R  Ờ  H
C  Â  Đ  O  P  Ờ  B  A  D  Ố  D  I  A  D  Ư  Í
L  N  Y  C  M  Ư  P  T  T  K  I  S  G  U  M  N
K  Í  O  H  Y  M  Q  L  V  H  G  Á  D  R  Á  C
A  H  M  Ư  Ờ  I  L  Ă  M  Ô  C  U  T  I  T  D
T  C  A  V  D  Ơ  V  A  C  N  I  Y  O  R  I  R
M  G  K  G  U  Ư  G  B  T  G  Y  N  B  N  Ờ  Y
O  N  U  Q  R  M  I  I  Ố  P  V  T  Y  T  Ư  Q
M  P  I  Q  G  I  L  Ờ  O  N  A  U  C  C  M  H
C  N  D  U  N  A  G  Ư  G  H  Y  Y  U  U  O  M
H  K  G  A  G  H  R  M  O  K  Y  L  D  N  B  U
```

MƯỜI BỐN	MƯỜI HAI
SỐ KHÔNG	HAI
NĂM	CHÍN
BỐN	TÁM
THẬP PHÂN	MƯỜI LĂM
MƯỜI CHÍN	SÁU
MƯỜI TÁM	BẢY
MƯỜI SÁU	MƯỜI BA
MƯỜI BẢY	BA
MƯỜI	HAI MƯƠI

22 - Física

```
K K V K N G P D Y B Đ Đ K H Y N
Ổ H P H N P V A O U I Ộ G Ỗ K C
P I Ố L Ộ Đ C Ố T G Ẽ N I N Q Y
P D G I O V V Ự H A N G A L Q O
H B Y D L K H Í L T T C T O K R
N M A C L Ư Q Q M G Ử Ơ Ố Ạ G U
U V T P Y C Ợ H Q P N T C N I I
C U H R P K D N M L Ế Ọ B H T M
O K Y T L G A Í G C I B R Ạ R O
I N P N O I Q T P H B O Q T P D
Í M Ậ T Đ Ộ D Ừ P D I N H N V A
H Ạ T I C O Ử T N Â H P R H H N
K C L M N B P I Ầ V G H C Â B Y
Ơ C Ô N G T H Ứ C N L A T N C O
C N G U Y Ê N T Ử V S T M D I M
H Ó A C H Ấ T O B A G Ố H Y D A
```

GIA TỐC	KHỐI LƯỢNG
NGUYÊN TỬ	CƠ KHÍ
HỖN LOẠN	PHÂN TỬ
MẬT ĐỘ	ĐỘNG CƠ
ĐIỆN TỬ	HẠT NHÂN
CÔNG THỨC	HẠT
TẦN SỐ	HÓA CHẤT
KHÍ	PHỔ
TRỌNG LỰC	BIẾN
TỪ TÍNH	TỐC ĐỘ

23 - Belleza

```
T  D  N  R  B  M  N  H  K  D  R  K  D  L  K  G
R  U  K  G  Q  K  L  G  L  N  I  C  Ị  R  Q  Y
A  R  A  C  S  A  M  M  Ị  N  U  C  C  V  C  Y
N  D  G  Ư  Ơ  N  G  N  D  V  U  M  H  D  B  C
G  R  L  N  D  Â  N  L  Y  C  P  T  V  Y  U  R
Đ  P  C  T  Ọ  Q  Q  I  Y  G  T  Q  Ụ  K  A  N
I  B  C  I  Y  R  T  H  A  N  H  L  Ị  C  H  Q
Ể  Ă  N  Ả  N  H  T  K  É  O  Q  C  Y  G  S  U
M  D  M  P  Q  I  S  G  G  V  K  U  Ầ  D  T  Y
B  H  R  R  H  Y  O  D  N  O  Y  R  V  V  Y  Ế
V  P  A  K  N  I  N  N  Ầ  A  Q  L  M  H  L  N
Q  L  A  Y  N  Q  M  C  V  U  S  S  À  K  I  R
I  N  U  B  A  I  Ô  U  O  U  G  O  U  D  S  Ũ
M  Ỹ  P  H  Ẩ  M  I  G  V  R  P  Ộ  C  M  T  H
H  Ư  Ơ  N  G  T  H  Ơ  M  R  C  N  I  I  A  I
G  L  P  P  O  N  R  B  M  V  I  I  O  P  H  R
```

DẦU
DẦU GỘI
MÀU
MỸ PHẨM
SANG TRỌNG
THANH LỊCH
QUYẾN RŨ
GƯƠNG
STYLIST
ĂN ẢNH

HƯƠNG THƠM
ÂN
TRANG ĐIỂM
DA
SON MÔI
CURLS
MASCARA
DỊCH VỤ
MỊN
KÉO

24 - Países #1

```
A R M D R B L T B D R V P R H A
I Y O P I H K Â V A Y B I L O I
C K R M L P C Y E Q L D Ộ Đ N Ấ
Ậ B O O U H G B N N Q A P A D Ý
P R C T T H T A E I E G N M U L
L A C N B U U N Z O C U G H R R
T Z O K I B Ỉ N U Y U A N I A Q
T I C O L C A H E L A L T B S N
R L P U A H A A L D D D I P H N
N B H C M T D R A I O L K C Q A
O K R A P H P Y A M R A V G Y I
M L Q N O A K V U G P A N A M A
Đ Ứ C A O C C C T T U M R Q T A
B R C D R T T B P K U A G V Y D
U D O A N I T N E G R A I U B A
P H I L I P P I N E S R C Q G O
```

ĐỨC

ARGENTINA

BỈ

BRAZIL

CANADA

ECUADOR

AI CẬP

TÂY BAN NHA

PHILIPPINES

HONDURAS

ẤN ĐỘ

LIBYA

MALI

MOROCCO

NICARAGUA

NA UY

PANAMA

BA LAN

VENEZUELA

25 - Mitología

```
S Q O A L R O Y H S V P P O I L
N Ứ B U T H B A À N Ự Y G N I H
Y U C Y L N V B N U B B B Ù P R
I Q N M A I N T H V T G Ấ H N T
H D N G Ạ B K R V K T N D T I B
N R B Y M N V U I I U Ờ H Ả T Y
C N U B Q Ế H Y C Á A Ư M R M Ử
S S Ấ M T I Ề K O Ọ Đ H T Ề N
Q Á C T H H G N Ù H H N A S I G
I G N D C C R T N N M Ê I É N U
Y P U G C T I H O Ă Ả I M T B Y
C N B P T Y K U O V H H N Y N Ê
G H E N M Ạ Q Y G L T T N O V N
M Ê C U N G O Ế Q U Á I V Ậ T M
P Y R B G V B T Ế H C Ó C A G Ẫ
B T L T P S I N H V Ậ T H D A U
```

NGUYÊN MẪU
GHEN
THIÊN ĐƯỜNG
HÀNH VI
SÁNG TẠO
NIỀM TIN
SINH VẬT
VĂN HOÁ
THẢM HỌA
SỨC MẠNH

CHIẾN BINH
ANH HÙNG
SỰ BẤT TỬ
MÊ CUNG
TRUYỀN THUYẾT
QUÁI VẬT
CÓ CHẾT
SÉT
SẤM
TRẢ THÙ

26 - Ecología

```
H  Ạ  N  H  Á  N  B  L  N  K  G  M  Q  I  O  M
S  K  P  K  P  T  O  D  U  O  L  K  N  Ú  I  I
R  Ự  A  R  V  V  A  T  M  U  M  U  Ê  N  À  B
A  U  S  Q  H  G  V  H  B  I  G  N  I  A  O  C
M  L  M  Ố  C  N  V  A  V  V  A  C  H  A  L  D
Y  L  U  T  N  A  O  U  H  Đ  Q  B  N  A  B  C
C  N  O  H  Ê  G  K  Q  H  A  Y  H  N  N  I  L
U  Â  C  Ự  Y  N  C  Q  K  D  A  N  Ê  Y  Ể  U
Q  U  Y  C  U  Ữ  Y  Ò  C  Ạ  T  G  I  G  N  M
Q  K  Y  V  G  V  R  F  N  N  Ê  I  H  N  Ự  T
L  T  A  Ậ  N  N  V  A  L  G  H  T  T  Ồ  O  Ậ
T  A  U  T  I  Ề  B  D  O  O  T  N  V  Đ  L  V
O  Q  P  L  À  B  K  H  T  P  R  H  H  G  A  G
N  H  U  Q  T  L  K  K  D  B  T  A  I  N  B  N
O  A  B  R  P  T  N  Q  H  B  C  R  Y  Ộ  K  Ộ
T  O  À  N  C  Ầ  U  Ậ  H  Í  H  K  H  C  L  Đ
```

KHÍ HẬU
CỘNG ĐỒNG
ĐA DẠNG
LOÀI
ĐỘNG VẬT
FLORA
TOÀN CẦU
BIỂN
NÚI

TỰ NHIÊN
THIÊN NHIÊN
MARSH
CÂY
TÀI NGUYÊN
HẠN HÁN
BỀN VỮNG
SỰ SỐNG CÒN
THỰC VẬT

27 - Casa

```
V  V  Q  T  T  Y  D  T  T  T  O  H  M  T  V  M
P  A  C  À  C  H  I  M  Ơ  Ư  R  M  G  U  O  A
I  I  L  H  L  V  Ư  D  O  Ờ  V  O  M  H  G  O
U  H  Q  N  Ổ  I  Ò  V  K  N  Y  V  N  T  A  V
V  Q  H  I  B  I  A  I  I  G  K  O  H  Ầ  N  N
C  Ử  A  Á  C  Ó  R  I  H  Ệ  H  T  À  N  C  B
K  I  C  M  C  H  K  K  Q  O  N  A  B  G  V  N
Y  C  Đ  O  Y  K  R  V  A  R  A  G  Ế  H  B  I
G  K  È  O  R  G  Q  V  Ư  Ờ  N  S  P  Ầ  G  P
G  Q  N  À  H  N  N  À  S  I  Y  O  E  M  Ư  L
D  H  R  R  P  Ố  C  Ử  A  S  Ổ  B  C  N  Ơ  H
I  M  U  G  É  T  O  Q  G  O  L  V  A  O  N  G
P  D  B  N  X  U  P  A  C  K  V  H  C  O  G  V
Y  N  A  À  C  T  K  V  A  P  Y  G  N  M  T  K
N  P  G  H  Á  T  H  Ả  M  L  N  M  L  N  P  H
P  H  Ò  N  G  N  G  Ủ  I  U  P  Q  K  P  C  G
```

THẢM	VÒI
GÁC XÉP	VƯỜN
THƯ VIỆN	ĐÈN
ỐNG KHÓI	TƯỜNG
NHÀ BẾP	SÀN NHÀ
PHÒNG NGỦ	CỬA
VÒI HOA SEN	TẦNG HẦM
CHỔI	MÁI NHÀ
GƯƠNG	HÀNG RÀO
GA-RA	CỬA SỔ

28 - Artes Visuales

```
K  I  Ế  N  T  R  Ú  C  K  C  U  R  P  V  I  C
Đ  L  Q  D  É  U  Y  M  Ể  I  Đ  N  A  U  Q  H
I  O  K  G  S  M  G  Ố  N  Q  Ẽ  O  N  K  M  Â
Ê  A  N  P  T  P  Q  G  K  Ọ  P  T  B  Q  U  N
U  N  A  C  Ấ  N  Y  Ồ  H  V  O  I  T  H  B  D
K  G  C  T  Đ  N  T  Đ  C  B  Ẽ  H  P  Á  S  U
H  V  N  K  O  Q  B  N  H  B  K  T  P  Y  C  N
Ắ  A  Q  U  N  O  C  I  O  H  C  Y  H  B  T  G
C  K  L  V  Ế  Ạ  Y  B  B  A  N  P  R  A  H  P
O  D  H  T  N  T  P  V  H  Y  M  Ụ  V  C  À  H
T  D  I  M  Y  G  Ì  P  H  Ấ  N  H  V  P  N  I
B  G  L  B  Ấ  N  H  N  A  R  T  C  Ứ  B  H  M
B  T  Ú  B  I  Á  C  Ẹ  N  D  V  H  C  O  P  Ả
C  C  H  L  G  S  T  Q  S  K  O  N  B  N  H  N
K  N  V  K  H  R  Ú  V  I  Ĩ  I  Ả  M  P  Ầ  H
T  V  T  A  T  Q  B  D  O  R  V  G  K  U  N  K
```

ĐẤT SÉT
KIẾN TRÚC
NGHỆ SĨ
VẼ
SÁP
ĐỒ GỐM
THÀNH PHẦN
SÁNG TẠO
ĐIÊU KHẮC
ẢNH CHỤP

BÚT CHÌ
KIỆT TÁC
PHIM ẢNH
QUAN ĐIỂM
BỨC TRANH
GIẤY NẾN
CÁI BÚT
CHÂN DUNG
PHẤN

29 - Salud y Bienestar #2

```
B  N  G  O  N  D  X  Ă  Q  B  V  A  D  G  M  V
Ệ  R  M  O  Q  M  P  O  N  P  P  G  Ị  C  G  I
N  K  Á  V  B  Q  V  I  A  K  P  A  Ứ  A  M  T
H  Y  U  T  P  C  B  O  B  B  I  D  N  L  T  A
V  D  I  N  H  D  Ư  Ỡ  N  G  Ó  Ê  G  O  I  M
I  Ồ  H  C  Ụ  H  P  K  P  N  O  P  N  C  Ê  I
Ệ  D  I  T  R  U  Y  Ề  N  C  P  I  C  G  U  N
N  T  L  U  Q  P  K  P  G  D  Â  G  D  M  H  G
N  D  L  G  C  O  H  Y  V  G  P  N  T  I  Ó  N
O  R  P  V  T  R  Ỏ  Q  Ẽ  O  T  Ẳ  N  N  A  Ợ
D  C  B  Ệ  N  H  E  L  S  I  A  H  M  Ặ  A  Ư
I  G  N  Ừ  R  T  M  Ễ  I  H  N  T  O  P  N  L
O  K  M  P  Q  O  Ạ  C  N  U  O  G  N  O  Q  G
C  P  H  C  L  M  N  D  H  K  C  N  B  L  T  N
I  K  H  D  K  D  H  T  D  A  C  Ă  M  V  H  Ă
G  I  Ả  I  P  H  Ẫ  U  H  Ọ  C  C  Q  L  H  N
```

DỊ ỨNG	VỆ SINH
GIẢI PHẪU HỌC	BỆNH VIỆN
NGON	NHIỄM TRÙNG
CALO	XOA BÓP
ĂN KIÊNG	DINH DƯỠNG
TIÊU HÓA	CÂN NẶNG
NĂNG LƯỢNG	PHỤC HỒI
BỆNH	KHỎE MẠNH
CĂNG THẲNG	MÁU
DI TRUYỀN	VITAMIN

30 - Adjetivos #1

```
L  G  N  Ộ  Đ  T  Ạ  O  H  M  Y  G  G  G  C  U
N  Ặ  N  G  T  H  H  I  Ễ  N  Đ  Ạ  I  O  C  A
M  A  O  B  G  Ơ  L  O  A  U  Ồ  U  Ố  Q  B  N
T  D  R  B  U  M  T  Y  T  Q  L  Q  Đ  N  B  T
N  G  H  I  Ê  M  T  R  Ọ  N  G  B  T  Q  I  C
I  R  Ộ  N  G  L  Ư  Ợ  N  G  N  D  Ễ  Y  M  H
Ộ  V  Ý  O  C  Y  Q  P  M  O  Ổ  M  Y  T  H  R
T  R  U  N  G  T  H  Ự  C  G  H  G  U  H  O  C
Ô  H  Q  O  K  P  P  U  Y  R  K  N  T  L  À  H
V  Ấ  R  Đ  Ầ  Y  T  H  A  M  V  Ọ  N  G  N  Ậ
A  P  P  H  T  Q  O  M  C  A  H  R  R  N  H  M
U  D  L  T  A  V  C  V  O  V  P  T  A  I  Ả  O
V  Ẫ  K  T  V  R  N  H  Y  M  G  N  S  C  O  R
P  N  P  P  R  G  B  H  L  C  M  A  A  Á  P  U
T  Ố  I  P  D  Ẻ  H  Q  L  Ớ  D  U  V  D  N  Q
O  U  H  M  V  D  P  V  H  I  N  Q  P  M  R  G
```

TUYỆT ĐỐI
HOẠT ĐỘNG
ĐẦY THAM VỌNG
THƠM
HẤP DẪN
SÁNG
KHỔNG LỒ
RỘNG LƯỢNG
LỚN
TRUNG THỰC

QUAN TRỌNG
VÔ TỘI
TRẺ
CHẬM
HIỆN ĐẠI
TỐI
HOÀN HẢO
NẶNG
NGHIÊM TRỌNG
QUÝ

31 - Disciplinas Científicas

```
S  I  N  H  T  H  Á  I  T  K  C  C  C  U  P  R
K  D  M  R  C  M  C  O  H  H  Ọ  Ọ  B  B  D  P
S  L  U  N  V  D  Ọ  H  Ự  Í  H  H  H  Y  P  B
B  I  D  U  V  H  H  P  C  T  N  T  L  A  I  H
M  O  N  A  G  O  Ổ  B  V  Ư  Ă  Ậ  V  K  N  D
G  I  P  H  I  O  C  P  Ậ  Ợ  V  V  M  P  D  L
C  I  Ễ  H  L  Q  O  G  T  N  N  G  G  L  H  C
D  B  Ả  N  D  Ý  Ả  H  H  G  Ê  N  D  A  C  Ọ
I  I  I  I  D  Y  H  C  Ọ  H  I  Ộ  H  Ã  X  H
N  C  D  S  P  Ị  K  Ọ  C  Ọ  H  Đ  A  P  Ữ  T
H  C  O  A  Y  H  C  T  C  C  T  K  P  T  G  Ấ
D  Q  G  Ó  V  P  Ẫ  H  T  H  Ầ  N  K  I  N  H
Ư  G  B  H  G  G  M  U  H  Ó  A  H  Ọ  C  N  C
Ở  S  I  N  H  H  Ọ  C  H  C  Ơ  K  H  Í  Ô  A
N  A  G  T  Â  M  L  Ý  D  Ọ  I  A  K  C  G  Ị
G  N  Á  O  H  K  B  A  B  P  C  M  R  U  N  Đ
```

GIẢI PHẪU HỌC	NGÔN NGỮ
KHẢO CỔ HỌC	CƠ KHÍ
THIÊN VĂN HỌC	KHÍ TƯỢNG HỌC
SINH HỌC	KHOÁNG
HÓA SINH	THẦN KINH
THỰC VẬT HỌC	DINH DƯỠNG
SINH THÁI	TÂM LÝ
SINH LÝ HỌC	HÓA HỌC
ĐỊA CHẤT HỌC	XÃ HỘI HỌC
MIỄN DỊCH	ĐỘNG VẬT HỌC

32 - Moda

```
U C T P G D M Q Ế T C Ự H T M H
N K I P H O T Ã D U Ử Q V G V P
N O N E R O Ú N U T A G O N Ố T
G D H B R K N Y C T H Q R Ớ U C
H K V D C Y V G D B À O T Ư Q V
Ề A I T V R Ả C C Q N L Ố H N A
T G U V U K I N I Á G H I U T V
H P K H I Ê M T Ố N C O G X H P
Ê M P B Ạ G H Ắ N Ả M H I B A O
U M T Đ Đ N L Đ C I Q N Ả C N T
Ấ K G O N T C D A G Y Q N C H T
C I B T Ệ N P D I N C Y N G L A
T M K D I P R I Y Ơ N G C D Ị K
Ế R A D H H T P C Đ O Y G C C M
K G Q C Y Q U Ầ N Á O A L G H O
P B Y L U P R K O O P T Q L D H
```

NGHỀ THÊU	KHIÊM TỐN
NÚT	GỐC
CỬA HÀNG	MẪU
ĐẮT	THỰC TẾ
THANH LỊCH	QUẦN ÁO
REN	ĐƠN GIẢN
PHONG CÁCH	TINH VI
ĐO	VẢI
TỐI GIẢN	XU HƯỚNG
HIỆN ĐẠI	KẾT CẤU

33 - Electricidad

```
Y  A  M  Ắ  C  Ổ  C  T  N  R  M  N  O  V  I  Q
G  U  Ạ  H  T  Đ  M  Â  H  C  M  A  N  K  T  V
D  M  N  P  D  R  I  T  Q  I  K  I  N  I  I  N
Q  K  G  D  Â  Y  I  Ễ  B  Ạ  Ế  M  M  I  L  K
Đ  Ố  I  T  Ư  Ợ  N  G  N  O  U  T  L  T  C  N
O  B  Q  T  L  R  Ệ  P  H  H  D  D  B  N  R  N
N  Y  Y  Q  L  S  I  T  C  T  Q  D  O  Ị  M  A
N  L  C  Y  G  Ố  Đ  A  T  N  G  V  T  Y  Y  D
L  I  Ự  H  D  L  T  O  H  Ệ  C  Q  B  L  K  Y
T  Ư  C  G  D  Ư  Á  V  Ợ  I  U  H  Q  Q  G  L
M  V  U  L  M  Ợ  H  K  Đ  Đ  B  Y  D  Q  U  A
V  G  Ê  T  G  N  P  C  I  T  I  Q  P  O  Q  S
H  H  I  I  R  G  Y  A  Ễ  P  H  R  N  L  G  E
G  V  T  N  B  Ữ  Á  V  N  N  A  B  G  R  R  R
G  B  T  P  L  P  M  Q  V  N  V  T  Y  Q  N  C
N  A  Đ  È  N  I  P  Á  C  Ự  C  H  C  Í  T  I
```

LƯU TRỮ
PIN
CÁP
DÂY
SỐ LƯỢNG
THỢ ĐIỆN
ĐIỆN
Ổ CẮM
THIẾT BỊ

MÁY PHÁT ĐIỆN
NAM CHÂM
ĐÈN
LASER
TIÊU CỰC
ĐỐI TƯỢNG
TÍCH CỰC
MẠNG
ĐIỆN THOẠI

34 - Salud y Bienestar #1

```
H  K  K  T  Y  C  U  N  C  A  C  R  L  Q  C  A
N  Y  Í  O  H  A  H  T  I  Q  H  O  M  M  G  L
A  P  C  Q  M  Ó  I  V  L  O  O  L  V  L  N  C
K  Y  H  K  P  H  I  U  D  Y  V  B  B  D  Ộ  N
Ị  R  T  U  Ề  I  Đ  Q  C  A  O  K  A  Y  Đ  G
U  P  H  I  Y  C  C  Ố  U  H  T  M  Ẽ  I  T  H
T  H  Í  G  R  L  D  T  C  E  I  T  B  V  Ạ  U
R  Ả  C  I  N  O  A  U  B  G  N  N  G  V  O  G
Ị  N  H  T  Ử  T  H  Ế  M  A  Q  T  V  P  H  L
L  X  T  R  X  H  N  I  K  N  Ầ  H  T  Y  Â  D
I  Ạ  Ố  D  Ư  H  Q  Ó  O  A  C  U  Ề  I  H  C
Ệ  C  N  A  Ơ  D  N  Đ  T  D  N  Ố  I  I  V  G
U  V  Ơ  K  N  L  C  L  M  Ĩ  S  C  Á  B  I  B
T  L  A  B  G  G  Ã  Y  X  Ư  Ơ  N  G  G  R  D
H  I  H  O  Ắ  T  H  Ư  G  I  Ã  N  A  D  Ú  K
I  D  B  Y  U  P  V  I  K  H  U  Ẩ  N  V  T  G
```

HOẠT ĐỘNG   THUỐC
CHIỀU CAO   CƠ BẮP
VI KHUẨN   DÂY THẦN KINH
BÁC SĨ   DA
TIỆM THUỐC   TƯ THẾ
GÃY XƯƠNG   PHẢN XẠ
ĐÓI   THƯ GIÃN
THÓI QUEN   TRỊ LIỆU
KÍCH THÍCH TỐ   ĐIỀU TRỊ
XƯƠNG   VI RÚT

35 - Adjetivos #2

```
S  B  K  V  A  R  U  U  P  A  V  C  Y  G  C  C
Á  C  Ì  Y  Y  C  A  Y  R  P  D  A  G  N  G  R
N  Ặ  M  N  Ê  I  H  N  Ự  T  B  D  I  L  I  P
G  M  Ớ  I  H  N  A  D  I  Ổ  N  T  Ư  Ơ  I  P
T  H  T  P  Ả  T  Ô  M  V  T  U  N  I  C  K  M
Ạ  N  C  Ị  V  Ú  H  T  D  C  R  Q  M  L  B  V
O  À  H  Ự  T  P  N  Ư  C  H  N  M  C  I  O  P
A  C  A  I  I  C  Ạ  A  Ờ  A  H  L  L  R  N  R
Ă  N  Đ  Ư  Ợ  C  M  I  C  N  Y  P  H  Q  V  I
M  K  K  C  A  T  E  M  Ệ  T  G  G  T  T  B  C
P  O  H  O  V  I  Ở  G  K  B  P  K  I  M  M  L
C  U  Ô  G  I  B  H  C  N  G  Ọ  T  M  M  P  L
K  M  Q  Q  M  N  K  T  B  K  C  R  A  M  C  T
A  Q  O  M  C  O  T  H  Q  Ị  T  V  U  Ạ  V  H
T  H  A  N  H  L  Ị  C  H  C  B  I  I  N  Q  U
M  À  U  M  Ỡ  G  I  O  T  H  G  U  R  H  L  M
```

MỆT	THÚ VỊ
ĂN ĐƯỢC	TỰ NHIÊN
SÁNG TẠO	BÌNH THƯỜNG
MÔ TẢ	MỚI
KỊCH	TỰ HÀO
NGỌT	CAY
THANH LỊCH	MÀU MỠ
NỔI DANH	MẶN
TƯƠI	KHỎE MẠNH
MẠNH	KHÔ

36 - Cuerpo Humano

```
B O B P H Q Q O G C Ó C T D U T
C H Â N M Ắ T Đ H K G O M K Q K
U L Ư Ỡ I O D Ầ C H D O N V B A
K T Q M A A M U H U Á M P V C P
P M B P B M V G O Ỷ K N V I P Q
O T H Y V G Y Ố D U K G N Ẽ I M
U K V L U D G I P T O Ó K P L Ẳ
V L D O D A I O B A T N O T M C
L N Y G A I I V B Y A T K R M P
O G T V P V U Y H C I A K C P N
T I M N G L R I T Q K Y T A I L
U R I Đ V Y N N G M P M H N Y O
G K V I Ầ Đ Ố I M Ặ T Ũ V P I B
K V G I I U A Q P B O I D K O I
N Y H P O M Ắ T C Á G T R A Q G
T C Ổ I Y A L M V G A Y P M K B
```

CẰM	LƯỠI
MIỆNG	TAY
ĐẦU	MŨI
ĐỐI MẶT	MẮT
ÓC	TAI
KHUỶU TAY	DA
TIM	CHÂN
CỔ	ĐẦU GỐI
NGÓN TAY	MÁU
VAI	MẮT CÁ

37 - Calentamiento Global

```
Q  P  G  N  D  H  L  M  C  I  V  K  C  L  H  O
G  U  H  R  Â  K  H  Í  K  G  L  M  C  C  K  C
N  Ậ  Ố  Á  N  I  M  T  L  B  P  N  Ô  L  D  N
Ả  H  C  C  T  P  N  G  I  A  L  G  N  Ơ  Ư  T
O  Í  P  Ọ  T  T  N  Q  N  V  T  N  G  N  D  Ậ
H  H  B  H  C  Ế  R  M  N  Q  K  Ợ  N  H  Ữ  U
G  K  C  A  A  G  U  I  L  Y  N  Ư  G  I  L  L
N  K  Ệ  O  D  A  P  Q  Ể  L  I  L  H  Ẽ  I  P
Ủ  H  P  H  N  Í  H  C  G  N  Y  G  I  T  Ẽ  Á
H  D  O  K  Ế  B  Ắ  C  C  Ự  C  N  Ẽ  Đ  U  H
K  M  N  À  Y  H  N  L  O  L  T  Ă  P  Ộ  L  P
M  Ý  Ú  H  C  U  T  N  H  Q  B  N  G  U  R  I
G  K  R  N  L  L  K  C  B  Â  Y  G  I  Ờ  H  M
H  Ậ  U  Q  U  Ả  H  U  Á  N  P  A  U  G  P  A
U  T  T  N  P  U  G  A  Y  C  U  A  P  C  R  P
M  Ô  I  T  R  Ư  Ờ  N  G  P  K  U  U  Q  K  C
```

BÂY GIỜ	NĂNG LƯỢNG
MÔI TRƯỜNG	TƯƠNG LAI
CHÚ Ý	KHÍ
BẮC CỰC	CÁC THẾ HỆ
NHÀ KHOA HỌC	CHÍNH PHỦ
KHÍ HẬU	CÔNG NGHIỆP
HẬU QUẢ	QUỐC TẾ
KHỦNG HOẢNG	PHÁP LUẬT
DỮ LIỆU	DÂN
PHÁT TRIỂN	NHIỆT ĐỘ

38 - Ciencia

```
R G N U M C O U T A H B V G D H
M Ẽ I H G N Í H T R U Ử D M C Ó
A T Y Q À U P A B A Ọ T M P N A
U H Y O M K Y H I P V N G H D C
G Ự I O U O H V Ử C L Ê G Ý Y H
I C Q T G V D O P Ơ A Y Y L C Ấ
Ả T A I B U P B A N N U D T Ự T
T Ế Ó P H Â N T Ử H T G I Ậ R C
H K H O Á N G S Ả N Ọ N P V L A
U D N P Y K U C K M P C Q H I K
Y Ữ Ế N I H N I P H M C U C Á I
Ế L I T K Í U H C Ạ H T A Ó H P
T I T T K H K P D P D Y N T P Q
O Ẽ C Â Y Ậ O N B M G K S Q I A
G U C M I U A N I A T Q Á K C C
A H D N Ê I H N N Ê I H T L V Q
```

NGUYÊN TỬ
NHÀ KHOA HỌC
KHÍ HẬU
DỮ LIỆU
TIẾN HÓA
THÍ NGHIỆM
VẬT LÝ
HÓA THẠCH
TRỌNG LỰC
THỰC TẾ

GIẢ THUYẾT
PHƯƠNG PHÁP
KHOÁNG SẢN
PHÂN TỬ
THIÊN NHIÊN
QUAN SÁT
HẠT
CÂY
HÓA CHẤT

39 - Restaurante #2

```
S  D  M  R  M  N  L  O  U  B  U  V  M  Y  I  K
A  K  A  I  U  K  G  B  T  R  Ứ  N  G  L  T  A
L  H  K  H  Ổ  H  O  O  Ă  P  P  D  M  P  Q  T
A  Y  Â  C  I  Á  R  T  N  Ế  V  M  L  V  N  A
D  G  G  G  Ớ  A  B  V  I  G  G  K  I  M  O  O
V  M  R  A  C  Ư  C  M  M  V  N  G  B  Y  G  D
R  D  A  N  P  R  N  G  G  B  Ố  I  Y  U  M  Y
V  A  U  R  U  T  B  G  G  V  U  A  R  D  D  H
R  C  A  N  H  A  U  M  I  C  Ồ  A  O  I  L  G
K  A  A  Y  Y  Ữ  K  C  Q  Á  Đ  R  D  U  H  A
T  G  Q  K  D  B  Q  Ị  V  I  A  H  K  N  Ó  M
B  Ữ  A  T  Ố  I  H  V  N  N  K  Y  I  G  H  Ế
P  H  Ụ  C  V  Ụ  N  A  M  Ĩ  K  R  R  G  N  P
Ú  O  K  M  Y  T  O  I  P  A  Ì  H  T  I  Á  C
S  I  C  B  C  K  O  G  Q  U  C  N  G  I  B  T
I  M  M  K  V  O  Q  Y  R  I  U  T  C  Á  O  O
```

NƯỚC	TRÁI CÂY
BỮA TRƯA	BĂNG
MÓN KHAI VỊ	TRỨNG
ĐỒ UỐNG	BÁNH
PHỤC VỤ NAM	CÁ
BỮA TỐI	MUỐI
CÁI THÌA	GHẾ
NGON	SÚP
SALAD	CÁI NĨA
GIA VỊ	RAU

40 - Profesiones #1

```
O G O Y Ú H T Ĩ S C Á B N N Y Q
Y N V K M Ủ H T Y Ủ H T O G R A
A B G T Q Ợ Q P K G G P Â N H
T D V H V Q M O U C H H Q N C N
I A Y I Ẽ Ứ A V Ũ C Ô N G H N B
N Ở K H R S Y D Y R D M G À H I
P H H G O I Ĩ S C Ự L L P N À Ê
L U À Q G Ạ S S Q P A N H G Đ N
U Ứ Y K R Đ C Q C A U A L L Ị T
M C T L H Y Á T Y Ạ K Q U H A Ậ
B H B G K O B R O D H Q Ậ G C P
E N M Q P K A L T O D N T M H V
R Í C V B R V H L R Y R S U Ấ I
T L G U O B O V Ọ T D B Ư U T Ê
T H Ợ S Ă N A O G C D U R T M N
P L U M M V J E W E L E R Y C L
```

LUẬT SƯ	ĐẠI SỨ
NGHỆ SĨ	Y TÁ
LỰC SĨ	PLUMBER
VŨ CÔNG	NHÀ ĐỊA CHẤT
NGÂN HÀNG	JEWELER
LÍNH CỨU HỎA	THỦY THỦ
THỢ SĂN	NHẠC SĨ
NHÀ KHOA HỌC	THỢ MAY
BÁC SĨ	BÁC SĨ THÚ Y
BIÊN TẬP VIÊN	

41 - Vehículos

```
T T X A P V D À G C P Y A B A M
H Q N E I U A H T K U N Q R C N
I I A H B L Ố P M Ầ G N U À T Đ
O Ơ D R A U M L Á X N T A R D Ộ
T H U Y Ề N Ý Y Y Q E I V V T N
G E O K A P U T K C X T R L V G
B X V V Y N I O É A E H Ắ P B C
È Q R U B C Q C O N Đ O N C U Ơ
O U A N G L L Q K A I Ả T E X M
B N D X E T A Y G A Ễ H C Q Y I
L T X Y V P Ử A N A N K A U P G
T M E K O K L B O O N H G I N H
R Y Đ V L R N Y Y G G B M G R O
V K Ạ B V M Ê Á D A Ầ O T G B H
G T P G Q N T M Y B M N Q P G Q
C A R A V A N V N T P C N P Y Y
```

XE BUÝT
MÁY BAY
BÈ
THUYỀN
XE ĐẠP
XE TẢI
CARAVAN
XE HƠI
TÊN LỬA

PHÀ
VAN
XE ĐIỆN NGẦM
ĐỘNG CƠ
LỐP
XE TAY GA
TÀU NGẦM
XE TẮC XI
MÁY KÉO

42 - Geometría

```
K A N G T V H Đ H Ợ P L Ý U D S
H Í M Q B L R K Ư U R R T B O O
O A C U Ề I H C O Ờ N I O Ề G N
T H Ó H K H Ú C D C N P U M M G
R Đ G N T I L Y H Q Á G B Ặ H S
U Ố N Ì T H G B N K O Q K T M O
N I O R K A Ư T K P T A D Í K N
G X C T H Q M Ớ U I H H H I N G
B Ứ G G Ố V D G C N N P Ọ V C H
Ì N N N I C Y I I H Í K C O D M
N G Ờ Ơ L U P M T Á T R T Y V G
H O Ư Ư Ư N G A N G C T H Y D T
Q K Đ H Ợ R U A H V I Ỷ U I G U
N L S P N I P U U C V L Y R O I
G L Ố L G R H T P R L Ệ Ế C T I
T H Ẳ N G Đ Ứ N G M D K T P G K
```

CHIỀU CAO	TRUNG BÌNH
GÓC	SỐ
TÍNH TOÁN	SONG SONG
ĐƯỜNG CONG	TỶ LỆ
ĐƯỜNG KÍNH	KHÚC
KÍCH THƯỚC	ĐỐI XỨNG
PHƯƠNG TRÌNH	BỀ MẶT
NGANG	HỌC THUYẾT
HỢP LÝ	TAM GIÁC
KHỐI LƯỢNG	THẲNG ĐỨNG

43 - Vacaciones #2

```
H  S  N  C  H  N  N  H  B  L  R  O  N  B  A  G
V  Â  N  D  I  Q  Q  A  Ã  P  L  T  G  Q  B  O
K  N  Ể  I  B  H  A  H  I  B  R  R  O  K  M  Y
N  B  Y  Ạ  H  P  B  U  B  I  B  N  Ạ  H  R  T
U  A  U  R  M  B  H  I  C  H  N  I  Á  G  H
K  Y  H  T  R  U  U  P  Ể  N  U  Y  Q  C  L  Ị
N  N  C  M  V  L  B  Ề  N  H  C  K  U  H  M  T
I  B  N  Ắ  N  G  À  Y  L  Ễ  Ộ  U  Ố  S  G  H
R  M  Ậ  C  Đ  I  Ể  M  Đ  Ế  N  C  C  Ạ  T  Ự
G  K  V  B  X  E  L  Ử  A  I  C  D  H  N  Ả  C
A  I  O  Q  U  H  U  T  P  Q  R  C  P  I  C  D
P  C  Ả  K  U  D  A  O  A  R  V  U  I  Y  Ế  P
N  G  Đ  I  X  C  Ắ  T  E  X  H  N  B  C  T  U
P  N  L  Ú  T  V  O  V  R  B  Ả  N  Đ  Ồ  U  Q
T  P  H  N  Ì  R  T  H  N  À  H  C  I  K  H  V
Q  Q  L  G  Q  I  Í  R  Q  U  L  C  B  B  M  T
```

SÂN BAY	NÚI
CẮM TRẠI	GIẢI TRÍ
LỀU	HỘ CHIẾU
ĐIỂM ĐẾN	BÃI BIỂN
NGOẠI QUỐC	XE TẮC XI
ẢNH	VẬN CHUYỂN
KHÁCH SẠN	XE LỬA
ĐẢO	NGÀY LỄ
BẢN ĐỒ	HÀNH TRÌNH
BIỂN	THỊ THỰC

44 - Baile

```
O V T B C G L D I R D U N V U T
M H T Ậ U H T Ễ H G N U Y Q D D
C Ả M X Ú C O C A G L V Q P V H
I N I O C L À R L R K P U I O T
L M T U B I R Y E Q V R K I H M
V Ă N H O Á T C C O I U L Y V P
R C Ễ M M Đ G D K G G K Â L L Ẻ
H Ổ I O K Ố N L V V K R N T T G
R Đ V L O I O A A Q O Y A R M Y
Y I C N U T H C Ơ T H Ể G P D M
T Ể Ọ A Q Á P R O I Q G C Ị H U
Ư N H M Ó C Q R D L A M I H I Y
T K G N Ố H T N Ề Y U R T N N Ả
H C K U Â M N H Ạ C D I C O M H
Ế D T P Q I A Ă C K D H A I I N
T R Ự C Q U A N V D G I Q L N B
```

HỌC VIỆN	ÂN
VUI VẺ	PHONG TRÀO
NGHỆ THUẬT	ÂM NHẠC
CỔ ĐIỂN	TƯ THẾ
CHOREOGRAPHY	NHỊP
CƠ THỂ	NHẢY
VĂN HOÁ	ĐỐI TÁC
VĂN HÓA	TRUYỀN THỐNG
CẢM XÚC	TRỰC QUAN

45 - Matemáticas

```
 Â  M  L  Ư  Ợ  N  G  Q  V  T  T  H  K  D  A  Đ
 N  O  G  O  A  M  I  H  A  A  N  Ì  U  H  I  Ư
 G  T  I  M  H  D  V  M  S  M  B  N  B  M  G  Ờ
 P  Y  U  U  T  U  P  G  Ố  G  Á  H  C  K  G  N
 B  H  C  I  V  H  K  T  H  I  N  H  T  Q  R  G
 Đ  V  Ự  G  T  V  Ậ  N  Ọ  Á  K  Ọ  Q  A  M  K
 K  A  C  Ơ  T  D  T  P  C  C  Í  C  U  Ầ  C  Í
 I  I  G  D  N  Q  N  C  P  A  N  P  Ả  T  S  N
 V  Y  H  I  A  G  B  Y  B  H  H  Ố  N  Đ  O  H
 G  Ó  C  P  Á  A  T  Y  L  L  Â  S  G  Ố  N  Q
 O  O  O  C  M  D  R  G  R  Y  N  T  I  G  N
 V  U  Ô  N  G  G  Ó  C  Ì  D  O  Â  R  X  S  C
 P  T  Ậ  H  N  Ữ  H  C  H  N  Ì  H  Ư  Ứ  O  B
 C  H  U  V  I  V  C  P  M  O  H  P  Ờ  N  N  C
 H  M  M  T  D  I  P  L  V  I  G  T  N  G  G  I
 S  Ố  Ũ  I  R  B  P  P  Y  H  L  B  G  L  B  G
```

SỐ HỌC	SỐ
GÓC	SONG SONG
QUẢNG TRƯỜNG	CHU VI
THẬP PHÂN	VUÔNG GÓC
ĐƯỜNG KÍNH	ĐA GIÁC
PHƯƠNG TRÌNH	BÁN KÍNH
CẦU	HÌNH CHỮ NHẬT
MŨ	ĐỐI XỨNG
PHÂN SỐ	TAM GIÁC
HÌNH HỌC	ÂM LƯỢNG

46 - Senderismo

```
H  H  V  P  C  B  H  Á  Q  C  R  K  P  O  N  Đ
Ư  Ơ  G  G  P  T  L  Đ  N  A  I  Ồ  C  A  Ú  Ộ
Ớ  A  U  G  N  Ớ  Ư  H  H  N  Ị  Đ  Ự  S  I  N
N  N  V  A  Ê  B  V  C  R  B  M  N  L  H  G  G
G  G  M  K  I  G  L  Á  Ắ  Đ  R  Ả  H  K  Y  V
D  D  L  G  H  Q  U  V  Ị  M  Á  B  B  R  G  Ậ
Ẫ  Ã  Q  K  N  Í  U  I  B  V  T  C  R  G  I  T
N  T  D  O  N  C  H  I  N  H  Ệ  R  R  N  À  U
N  Ư  Ớ  C  Ê  V  H  Ậ  Ẩ  P  M  A  Ạ  Ê  Y  A
P  Q  G  B  I  Ỗ  U  M  U  N  Ặ  N  G  I  Ố  V
B  P  A  H  H  A  H  Y  H  I  B  T  A  V  N  C
D  M  L  H  T  G  K  V  C  T  U  I  U  G  G  O
M  Ặ  T  T  R  Ờ  I  L  Q  L  P  U  T  N  K  M
D  Q  V  K  R  O  Y  H  R  H  M  G  D  Ô  M  C
K  N  A  V  K  L  V  O  G  M  B  R  P  C  M  H
Y  U  L  K  U  D  B  T  V  N  U  U  B  U  T  C
```

VÁCH ĐÁ
NƯỚC
ĐỘNG VẬT
GIÀY ỐNG
CẮM TRẠI
MỆT
KHÍ HẬU
HƯỚNG DẪN
BẢN ĐỒ
NÚI

MUỖI
THIÊN NHIÊN
SỰ ĐỊNH HƯỚNG
CÔNG VIÊN
NẶNG
ĐÁ
CHUẨN BỊ
HOANG DÃ
MẶT TRỜI

47 - Naturaleza

```
V  B  I  U  K  T  G  M  P  O  Y  G  A  V  Y  C
M  L  C  L  M  V  M  N  V  D  U  V  G  A  I  B
N  T  N  Á  L  Ẻ  C  R  V  V  D  D  B  C  R  L
H  L  T  H  G  Đ  D  A  Ù  M  G  N  Ơ  Ư  S  M
N  Ò  N  S  L  Ệ  H  I  I  T  N  B  H  P  A  Y
I  Ă  Ă  Y  Ô  P  T  P  A  H  Ừ  T  C  K  M  T
N  Q  N  B  E  N  E  R  E  S  R  B  B  Y  Ạ  H
Ú  U  K  G  Ì  L  G  N  Ờ  O  D  Y  O  R  C  Á
I  A  U  N  Đ  N  Q  H  I  Ớ  Đ  T  Ễ  I  H  N
Đ  N  L  Ă  R  Ộ  H  H  I  N  G  Ậ  P  C  P  H
Á  T  V  B  Y  P  N  G  R  C  D  V  P  T  P  Y
M  R  C  G  O  V  G  G  T  R  M  G  L  N  V  L
M  Ọ  C  N  Y  I  X  Ó  I  M  Ò  N  G  D  P  M
Â  N  A  Ô  B  Ắ  C  C  Ự  C  Y  Ộ  I  G  A  T
Y  G  H  S  L  R  L  K  N  G  C  Đ  B  O  D  U
D  D  M  A  P  H  O  A  N  G  D  Ã  N  T  C  Q
```

ONG	NÚI
ĐỘNG VẬT	SƯƠNG MÙ
BẮC CỰC	ĐÁM MÂY
VẺ ĐẸP	HÒA BÌNH
RỪNG	SÔNG
SA MẠC	HOANG DÃ
NĂNG ĐỘNG	THÁNH
XÓI MÒN	SERENE
LÁ	NHIỆT ĐỚI
SÔNG BĂNG	QUAN TRỌNG

48 - Conduciendo

```
I  I  H  H  T  O  D  H  U  Ồ  Đ  N  Ả  B  Q  M
Y  L  Q  M  C  Ả  N  H  S  Á  T  Ộ  B  I  Đ  H
T  B  M  G  M  T  Ạ  P  Y  K  P  I  N  A  B  C
I  Ố  H  O  G  G  N  Ô  H  T  O  A  I  G  N  A
Y  N  C  H  M  Ể  I  H  Y  U  G  N  U  D  C  A
A  P  D  Đ  Y  I  A  R  A  G  H  K  H  Í  K  Ơ
L  A  B  R  Ộ  Q  T  A  V  V  K  U  T  L  G  H
N  À  O  T  N  A  D  T  Q  C  L  K  T  I  P  L
Ể  H  D  I  K  C  Q  T  U  I  I  X  E  H  Ơ  I
Y  M  I  Đ  Ư  Ờ  N  G  H  Ầ  M  O  P  X  I  Ả
U  B  L  Ê  Đ  Ư  Ờ  N  G  P  H  Ố  H  E  O  T
H  I  V  G  N  R  L  P  P  K  A  O  A  M  D  E
C  A  L  D  U  L  M  G  Q  H  V  U  N  Á  C  X
N  M  V  R  Q  B  I  G  Y  Q  C  R  H  Y  M  N
Ậ  N  P  Y  H  N  D  Ẽ  G  I  Ấ  Y  P  H  É  P
V  P  Y  B  N  G  M  Y  U  L  P  Q  P  K  L  H
```

TAI NẠN	XE MÁY
ĐƯỜNG PHỐ	ĐỘNG CƠ
XE TẢI	ĐI BỘ
XE HƠI	NGUY HIỂM
NHIÊN LIỆU	CẢNH SÁT
PHANH	AN TOÀN
GA-RA	VẬN CHUYỂN
KHÍ	GIAO THÔNG
GIẤY PHÉP	ĐƯỜNG HẦM
BẢN ĐỒ	TỐC ĐỘ

49 - Fuerza y Gravedad

```
I  G  U  B  C  R  T  Q  Q  M  Q  M  U  V  R  T
V  H  U  R  Ổ  N  C  A  P  G  U  V  Y  M  A  Ố
T  Ừ  T  Í  N  H  A  R  O  P  Ỹ  C  Ậ  Â  G  C
Y  U  I  R  M  U  P  B  D  D  Đ  Â  M  T  M  Đ
G  Q  K  C  Ư  Ờ  N  G  Đ  Ộ  Ạ  N  A  G  L  Ộ
H  Í  H  K  Ơ  C  C  N  L  N  O  N  S  N  K  Ý
T  A  C  Ự  R  T  M  Ộ  T  U  L  Ặ  Á  U  U  T
K  H  Á  M  P  H  Á  R  V  Í  G  N  T  R  H  L
Y  I  C  H  Q  H  O  Ở  D  I  N  G  A  T  T  G
O  H  G  À  C  A  V  M  A  O  Ộ  H  A  M  G  L
T  L  N  N  P  Q  H  G  N  Ộ  Đ  Ử  C  Y  R  P
Y  G  Ả  H  B  U  O  N  A  I  G  I  Ờ  H  T  A
C  M  O  T  S  Ứ  C  É  P  N  N  P  D  U  Ấ  I
U  Y  H  I  I  O  K  K  Y  A  Ă  I  C  G  D  T
Q  A  K  N  A  O  H  H  A  O  N  Y  N  Q  M  I
G  Q  M  H  I  P  Q  U  B  N  V  B  I  Y  U  R
```

TRUNG TÂM	CƠ KHÍ
KHÁM PHÁ	CỬ ĐỘNG
NĂNG ĐỘNG	QUỸ ĐẠO
KHOẢNG CÁCH	CÂN NẶNG
TRỤC	HÀNH TINH
MỞ RỘNG	SỨC ÉP
VẬT LÝ	TÍNH CHẤT
MA SÁT	THỜI GIAN
TỪ TÍNH	PHỞ
CƯỜNG ĐỘ	TỐC ĐỘ

50 - Pájaros

```
O  M  D  O  T  V  T  U  U  N  N  Đ  D  Y  A  B
A  R  Ò  K  Q  T  T  L  C  C  I  Ạ  C  I  V  C
L  L  N  N  N  Q  D  L  M  A  V  I  H  I  Ễ  O
U  V  D  A  G  N  N  Ê  I  H  T  B  I  R  A  C
T  U  Â  C  Ồ  B  M  I  H  C  I  À  M  D  Q  V
Ụ  C  U  N  O  V  I  P  C  M  P  N  S  A  B  V
C  Ò  F  G  V  K  K  Ể  I  D  K  G  Ẻ  I  Q  V
H  R  K  L  O  N  G  B  N  I  Đ  À  Đ  I  Ể  U
N  P  P  N  A  B  C  N  U  Ề  I  H  B  K  U  U
Á  C  V  Y  A  M  T  Q  Ạ  U  Q  N  O  C  G  B
C  O  N  V  Ẹ  T  I  K  H  H  T  M  Y  R  I  Ồ
M  N  A  U  O  Ị  G  N  K  Â  T  R  Ứ  N  G  N
I  Q  C  A  P  V  À  H  G  U  I  L  T  R  I  Ô
H  L  U  T  K  A  Y  Y  P  O  B  Q  K  L  Y  N
C  N  O  H  G  A  D  P  D  Y  B  R  Y  Y  N  G
K  D  T  B  G  N  G  B  D  U  V  N  G  Ỗ  N  G
```

ĐÀ ĐIỂU	CHIM SẺ
ĐẠI BÀNG	DIỀU HÂU
CÒ	TRỨNG
THIÊN NGA	CON VẸT
CHIM CU	CHIM BỒ CÂU
CON QUẠ	VỊT
FLAMINGO	BỒ NÔNG
NGỖNG	CHIM CÁNH CỤT
DIỆC	GÀ
MÒNG BIỂN	TOUCAN

51 - Geografía

```
D  I  L  Đ  T  R  M  K  L  T  L  K  U  H  Y  O
G  K  N  Ả  G  H  T  I  B  U  Q  H  O  I  Ộ  C
K  U  C  O  H  N  À  D  A  Ắ  K  I  G  O  Đ  D
A  V  Q  K  P  B  U  N  G  V  C  Ự  V  U  H  K
H  Ư  Ớ  N  G  T  Â  Y  H  O  H  R  Q  L  N  K
C  Q  V  D  R  U  Y  O  H  P  O  A  U  L  I  M
Đ  Ộ  C  A  O  V  Ĩ  Đ  Ộ  A  H  N  Ố  R  K  V
Q  I  R  I  K  I  H  O  C  K  N  Ố  C  N  L  R
U  Y  M  L  I  P  P  L  P  I  Ớ  I  G  Ế  H  T
K  A  D  V  S  A  L  T  A  B  Y  Ú  I  Y  L  B
B  G  M  A  Ô  B  H  N  I  I  H  N  A  U  Ã  Q
G  Á  H  Ị  N  D  K  U  B  Ể  O  O  D  T  N  R
V  U  Đ  G  Y  C  B  M  N  M  U  Q  H  H  T
Y  U  B  C  Y  U  M  P  Q  D  T  I  Q  N  T  K
Q  O  V  Ụ  Ầ  P  H  Í  A  N  A  M  L  I  H  R
C  Q  D  L  I  U  B  Ả  N  Đ  Ồ  O  M  K  Ổ  Q
```

ĐỘ CAO	KINH TUYẾN
ATLAS	NÚI
THÀNH PHỐ	THẾ GIỚI
LỤC ĐỊA	BẮC
BÁN CẦU	HƯỚNG TÂY
ĐẢO	QUỐC GIA
VĨ ĐỘ	KHU VỰC
KINH ĐỘ	SÔNG
BẢN ĐỒ	PHÍA NAM
BIỂN	LÃNH THỔ

52 - Música

```
N  H  Ị  P  N  H  À  N  G  U  Đ  K  V  O  R  D
Ế  I  Y  C  Ị  R  D  Y  R  A  I  K  A  R  O  G
I  U  V  P  K  H  H  Á  T  M  Ẽ  C  G  C  H  C
B  A  D  H  Ộ  Đ  N  Ế  I  T  P  U  I  Q  Q  O
G  L  A  M  H  M  B  K  G  I  K  H  Ọ  L  N  M
N  C  Ổ  Đ  I  Ể  N  K  Q  H  H  P  N  U  V  T
Ứ  L  B  A  L  L  A  D  Q  C  Ú  A  G  T  D  T
T  H  U  R  G  Q  R  D  P  H  C  H  H  U  H  Y
A  T  Ò  V  O  C  T  V  O  B  A  P  Á  Ẽ  B  N
H  M  P  A  R  B  H  A  K  U  P  V  T  I  V  M
B  H  A  C  H  B  Ơ  R  D  U  L  Y  H  Đ  A  L
D  Q  H  Y  Ạ  Ợ  Q  E  N  O  H  M  G  I  A  G
G  V  U  M  N  H  P  P  K  I  N  Ĩ  S  A  C  C
G  A  Y  H  K  E  N  O  H  P  O  R  C  I  M  Y
C  T  N  A  L  B  U  M  Â  I  H  G  Y  G  L  M
N  H  Ạ  C  S  Ĩ  M  V  Â  D  Ụ  N  G  C  Ụ  Y
```

HÒA HỢP	GIAI ĐIỆU
ALBUM	MICROPHONE
BALLAD	ÂM NHẠC
CA SĨ	NHẠC SĨ
HÁT	OPERA
CỔ ĐIỂN	THƠ
ĐIỆP KHÚC	NHỊP
GHI ÂM	NHỊP NHÀNG
ỨNG BIẾN	TIẾN ĐỘ
DỤNG CỤ	GIỌNG HÁT

53 - Enfermedad

```
O  H  N  Í  T  N  Ã  M  I  M  I  T  Q  Y  C  A
V  T  E  Ỏ  H  K  C  Ứ  S  I  Ổ  H  P  K  G  R
C  I  D  M  Ắ  K  C  N  G  Ễ  C  X  M  U  R  N
Ơ  O  Ê  O  T  D  U  Y  Q  N  M  O  U  H  H  Y
T  O  M  M  L  H  G  Y  B  D  I  A  R  T  B  R
H  B  N  Ễ  Ư  T  Ô  B  A  Ị  R  N  P  M  V  B
Ể  V  I  I  N  N  H  H  R  C  N  G  N  Ơ  Ư  X
M  R  P  H  G  Ề  D  Q  Ấ  H  G  N  Ẩ  R  P  M
G  N  H  N  C  K  Y  A  Y  P  R  Ụ  U  L  D  Ầ
M  P  L  Y  A  O  V  U  K  N  I  B  H  C  C  M
Y  Ế  U  Â  L  T  G  K  R  U  T  H  K  C  Y  B
U  Ễ  I  L  Ị  R  T  I  K  T  A  G  I  K  L  Ễ
M  V  A  A  D  N  D  I  L  U  I  K  V  K  M  N
H  Ộ  I  C  H  Ứ  N  G  N  Ứ  Ị  D  G  C  D  H
D  O  V  V  O  A  D  Q  L  Y  T  D  C  A  H  I
M  R  G  Y  R  L  K  T  P  L  U  Q  H  V  B  O
```

BỤNG	VIÊM
DỊ ỨNG	MIỄN DỊCH
VI KHUẨN	THẮT LƯNG
LÂY NHIỄM	MẦM BỆNH
TIM	PHỔI
MÃN TÍNH	HÔ HẤP
CƠ THỂ	SỨC KHỎE
YẾU	XOANG
DI TRUYỀN	HỘI CHỨNG
XƯƠNG	TRỊ LIỆU

54 - Actividades

```
K  N  A  Đ  Đ  Ồ  T  H  Ủ  C  Ô  N  G  R  L  T
L  G  G  V  G  K  P  L  T  V  B  M  A  Y  O  G
Q  H  I  V  A  Ỹ  H  O  Ạ  T  Đ  Ộ  N  G  V  M
D  Ệ  Y  I  T  N  Ờ  Ư  V  M  À  L  B  D  U  G
N  T  R  T  C  Ă  S  Ă  N  B  Ắ  N  M  P  B  I
T  H  T  L  V  N  K  K  B  V  Q  R  A  L  C  C
Q  U  H  T  I  G  K  M  D  Ứ  Á  K  G  H  Q  Ắ
I  Ậ  O  H  B  N  C  Q  C  M  C  Ọ  Đ  G  K  M
U  T  M  I  H  Ồ  T  H  A  G  U  T  C  I  D  T
P  T  C  G  N  L  T  G  B  A  Â  Ậ  R  H  T  R
G  N  G  I  Ả  I  T  R  Í  O  C  U  N  A  G  Ạ
U  K  A  M  P  À  Q  T  K  I  D  H  I  C  N  I
L  L  C  K  Ế  H  K  K  N  D  C  T  O  Â  M  H
A  D  U  H  I  G  I  M  O  C  M  A  G  U  C  Y
T  R  Ò  C  H  Ơ  I  K  C  I  Y  M  I  Đ  L  R
L  K  D  I  N  Ã  I  G  Ư  H  T  V  I  Ố  C  K
```

HOẠT ĐỘNG	ĐỌC
NGHỆ THUẬT	MA THUẬT
ĐỒ THỦ CÔNG	GIẢI TRÍ
CẮM TRẠI	CÂU CÁ
SĂN BẮN	BỨC TRANH
MAY	HÀI LÒNG
NHIẾP ẢNH	THƯ GIÃN
KỸ NĂNG	CÂU ĐỐ
LÀM VƯỜN	ĐAN
TRÒ CHƠI	

55 - Verduras

```
M R U I Y H K I G N O Y V A Y S
L D B P T G N C U A L Y T C G A
Q N Q Y Q K M L C H V I T Ủ Ừ L
P L Q B T O T L Q Ầ C B Y C N A
L R Y N O H V G T M N I H Ả G D
N N Q Ô G N Í B Ả U Q T T I Ỏ T
I C U S L Ẹ C D G U Ố Â N V R
Y Â T I A O H K D K G R T Y L I
Â O Ộ T L C Ủ U V T U À Q Q N H
T K U A N Ô C Y K Q T C H N B L
I K H L M Í T À C P N M H K V A
Ù D C P G Ấ A V T P R K M B L N
M R A U B I N A U H C À C O D B
M G Ư Ậ O I L K O I H Q R R M G
T H D Đ M N I T C R M R O B K A
Q Q H À N H N A X I Ả C G N Ô B
```

TỎI
ATISÔ
CẦN TÂY
CÀ TÍM
BÔNG CẢI XANH
QUẢ BÍ NGÔ
HÀNH
CỦ HẸ
SALAD
RAU BINA

ĐẬU
GỪNG
CỦ CẢI
Ô LIU
KHOAI TÂY
DƯA CHUỘT
MÙI TÂY
NẤM
CÀ CHUA
CÀ RỐT

56 - Instrumentos Musicales

```
Đ  À  N  G  H  I  T  A  M  A  Õ  N  M  I  N  B
Q  I  U  L  Y  R  C  K  T  A  G  N  Ố  R  T  A
K  H  Q  P  Đ  N  D  V  R  T  N  D  B  Q  K  S
O  U  L  D  Ù  I  C  C  O  H  Ô  D  L  G  Y  S
A  B  R  C  I  N  G  P  M  M  L  M  O  M  D  Y
M  B  U  D  H  U  V  H  B  I  Ô  R  S  L  Y  T
R  D  D  N  V  S  Á  O  O  T  I  G  A  A  I  G
D  À  N  N  H  Ạ  C  O  N  N  V  N  X  M  D  N
L  Ụ  C  L  Ạ  C  Đ  D  E  I  N  I  O  A  Ư  P
P  O  M  L  N  C  L  À  K  C  À  O  P  R  Ơ  Y
C  L  A  R  I  N  E  T  N  È  Đ  K  H  I  N  C
G  L  K  O  N  I  R  D  C  H  N  P  O  M  G  H
R  E  I  B  D  N  O  Y  L  C  Ạ  N  B  C  I
R  C  H  V  T  B  N  T  D  D  A  C  E  A  Ầ  Ê
D  H  A  R  M  O  N  I  C  A  I  B  C  O  M  N
P  D  D  H  V  D  R  K  V  H  R  N  U  I  O  G
```

HARMONICA	MARIMBA
ĐÀN HẠC	LỤC LẠC
BASS	GÕ
ĐÙI	DƯƠNG CẦM
CLARINET	SAXOPHONE
DÀN NHẠC	TRỐNG
SÁO	TROMBONE
CHIÊNG	KÈN
ĐÀN GHI TA	ĐÀN VI Ô LÔNG
MANDOLIN	CELLO

57 - Formas

K K N O G L V H A A Q V D Q Q T
I Đ I V P Ă R L Y N Ó N M D K A
R C Ư M T N Ê B Y P B C U N G M
T P Q Ờ T G V Ò N G E Ụ Ầ R L G
O Q I O N Ự O M U K G R C Ó G I
D O V Y I G T P D Y D T B A T Á
R O N C U N C H N O N H U O I C
V Y A E V Ờ Y O Á L Q N U R L U
Ò U P L N Ư T H N P I Ì D R L A
N H Y L G R T N G G C H H À N G
G H A I N T Ậ H N Ữ H C H N Ì H
T K Y P C G M Q D A G Q Q A P N
R G U S G N G C G Q N P D D R Ạ
Ò N V E G Ả A L R V Đ A G I Á C
N L N R P U V C K N M N N A I P
T B L Y Y Q Q O O V C D N P N M

CUNG	HYPERBOLA
CẠNH	BÊN
HÌNH TRỤ	HÀNG
VÒNG TRÒN	KIM TỰ THÁP
NÓN	ĐA GIÁC
QUẢNG TRƯỜNG	LĂNG
ĐƯỜNG CONG	HÌNH CHỮ NHẬT
ELLIPSE	VÒNG
CẦU	TAM GIÁC
GÓC	

58 - Flores

```
N A J A S M I N E B G C L B B C
P H O I M T Ụ B M Â D O I Ó P Á
M G C N K A Ử O T V Y A D H I N
B P T E O Y G Đ V O Q V A O P H
Ồ A M D C H B N I B Y S I A D H
C D R R Q D O B O N Y C N G T O
Ô Á L A B Ỏ C A C L H A A C M A
N T R G H G R Y M N I H U D C Y
G N Ồ H A O H P T Ẫ K A Ư L Q N
A I R E M U L P U P U Q A Ơ R A
N È K A O L A O H R G Đ Q H N L
H H U U Q P D P C C T C Ơ I D G
R M H Ư Ớ N G D Ư Ơ N G H N M N
K N V B A V R L N B C C H R P O
H O A O Ỏ I H Ư Ơ N G T N R Q H
L P N B H Q L Ờ I K H U Y Ê N P
```

POPPY
BỒ CÔNG ANH
GARDENIA
HƯỚNG DƯƠNG
DÂM BỤT
JASMINE
HOA OẢI HƯƠNG
TỬ ĐINH HƯƠNG
HOA LOA KÈN
MAGNOLIA

DAISY
PHONG LAN
HOA MẪU ĐƠN
CÁNH HOA
PLUMERIA
BÓ HOA
HOA HỒNG
CỎ BA LÁ
LỜI KHUYÊN

59 - Astronomía

```
S  D  D  C  A  U  V  R  V  T  Ê  N  L  Ử  A  T
D  A  Y  U  I  C  K  B  I  Ễ  Y  T  R  H  B  H
D  C  O  B  Ầ  U  T  R  Ờ  I  T  A  D  K  A  I
M  O  H  B  T  Á  S  N  A  U  Q  I  À  Đ  A  Ê
S  A  T  Q  Ă  L  O  U  V  N  L  G  N  Y  H  N
T  I  C  L  M  N  O  A  S  M  Ờ  H  C  H  À  H
R  N  Ê  D  A  Â  G  B  C  L  T  N  A  P  N  À
Ọ  H  T  U  H  H  I  Ứ  I  V  Y  À  G  I  H  Q
N  Ậ  D  H  T  P  N  C  N  Â  V  H  N  I  T  U
G  T  R  T  Y  Â  T  X  I  I  L  I  Ă  R  I  T
L  T  P  Ấ  B  K  N  Ạ  K  D  O  H  R  I  N  K
Ự  H  Q  Đ  G  N  Ê  T  G  G  T  P  T  B  H  D
C  Ự  B  I  K  H  I  T  I  T  V  R  T  V  B  B
C  C  R  Á  L  R  H  A  H  N  B  B  Ặ  Q  R  U
V  Ũ  T  R  Ụ  Y  T  B  K  K  H  Q  M  H  K  P
Q  C  G  T  N  M  B  Y  S  A  O  C  H  Ổ  I  V
```

PHI HÀNH GIA	TRỌNG LỰC
THIÊN	MẶT TRĂNG
BẦU TRỜI	SAO BĂNG
TÊN LỬA	TINH VÂN
SAO CHỔI	ĐÀI QUAN SÁT
CHÒM SAO	HÀNH TINH
VŨ TRỤ	BỨC XẠ
NHẬT THỰC	VỆ TINH
PHÂN	SIÊU TÂN TINH
THIÊN HÀ	TRÁI ĐẤT

60 - Tiempo

```
C Q K K D Y V H V R Y U G V V T
D Y R G K V D A M C O N N O M H
I R A L C B K H H A T H Á N G Ế
C A N C P I Â O C Ư P G S R T K
D B P M G K O Y R R H T I M H Ỷ
I V Đ N I R V À G T Ú A Ổ G Ậ U
G U G Ê Ờ C T G U I T D U L P U
H N B M M B H N O Ổ Ờ B B I K R
I T P D G Ă T N A U Q M Ô H Ỷ V
L Ị C H R O N I V B I V P Ô P D
Q T V N H À N G N Ă M T L M Y H
N R Q B U T Ầ B T I Ồ H G N Ồ Đ
A I M A H T U Y Y M V T R A D T
T R Ư Ớ C K T Á L C Ố H C Y P C
T Ư Ơ N G L A I O U A N M K Y B
O D G P P Y B I Q A I K Y Q Q B
```

BÂY GIỜ
TRƯỚC
HÀNG NĂM
NĂM
HÔM QUA
LỊCH
THẬP KỶ
NGÀY
TƯƠNG LAI
GIỜ

HÔM NAY
BUỔI SÁNG
BUỔI TRƯA
THÁNG
PHÚT
CHỐC LÁT
ĐÊM
ĐỒNG HỒ
TUẦN
THẾ KỶ

61 - Paisajes

```
Đ  Q  A  L  R  P  V  I  H  N  Ị  V  Đ  Ả  O  H
Ầ  P  G  B  A  Q  I  V  B  A  U  B  V  C  H  K
M  I  N  V  U  M  A  D  Ã  P  N  D  T  N  V  A
L  S  D  M  Q  Y  C  B  I  G  Đ  G  H  P  R  C
Ầ  U  Ô  M  Y  N  Ử  N  B  I  Ầ  I  U  R  T  Y
Y  O  M  N  L  Ú  A  T  I  U  M  L  N  O  P  K
A  L  T  O  G  I  S  O  Ể  T  H  G  G  T  C  V
V  Q  M  Ố  R  L  Ô  G  N  Y  P  L  L  M  Ớ  Y
M  R  D  P  C  O  N  C  N  V  A  C  Ũ  P  Ư  P
B  O  B  T  Ạ  Đ  G  I  G  A  N  G  N  M  N  D
U  B  Y  B  M  Y  Ả  Q  Y  V  A  R  G  K  C  V
I  I  G  R  A  G  Q  O  V  Á  C  H  Đ  Á  Á  A
A  Ể  V  M  S  S  Ô  N  G  B  Ă  N  G  C  H  Ồ
D  N  N  Ú  I  L  Ử  A  T  V  M  Y  O  I  T  V
A  N  B  H  L  L  Ã  N  H  N  G  U  Y  Ê  N  G
B  Á  N  Đ  Ả  O  Y  R  M  N  B  N  K  I  R  T
```

VÁCH ĐÁ	BIỂN
THÁC NƯỚC	NÚI
HANG	ỐC ĐẢO
SA MẠC	ĐẦM LẦY
CỬA SÔNG	BÁN ĐẢO
SÔNG BĂNG	BÃI BIỂN
VỊNH	SÔNG
ĐẢO	LÃNH NGUYÊN
HỒ	THUNG LŨNG
ĐẦM	NÚI LỬA

62 - Días y Meses

```
R  G  U  K  N  A  D  T  V  C  Y  O  R  L  R  Q
K  A  Y  À  G  N  P  H  D  Q  R  M  C  L  Y  C
R  D  Ả  Y  U  T  B  Ứ  I  I  R  Q  L  K  D  H
M  G  B  D  H  C  T  S  P  M  P  Y  A  Ị  P  O
T  P  Ứ  K  O  Y  P  Á  V  Y  I  Q  B  B  C  D
T  Ậ  H  N  Ủ  H  C  U  R  I  A  H  Ứ  H  T  H
H  Ộ  T  Y  G  Q  Q  H  2  Ờ  T  O  P  I  D  V
Ứ  T  M  9  C  H  K  H  1  Ư  Y  U  Y  U  A  O
N  H  B  G  N  Á  H  T  G  M  Ả  O  Ầ  U  U  Q
Ă  Á  M  N  N  O  V  N  N  G  B  O  Y  N  N  G
M  N  O  Á  C  Á  T  H  Á  N  G  S  Á  U  Ă  U
D  G  Y  H  T  P  H  Y  H  Á  N  A  D  G  M  B
T  H  Ư  T  Ứ  H  T  T  T  H  Á  T  H  Ứ  B  A
Y  A  D  P  R  U  Q  P  T  T  H  V  H  B  A  R
C  I  L  Y  R  Y  D  K  U  Ư  T  G  N  Á  H  T
U  H  K  B  O  A  L  P  C  Y  A  P  R  H  U  N
```

THÁNG TƯ	THÁNG SÁU
NGÀY	THỨ HAI
NĂM	THỨ BA
LỊCH	THÁNG
THÁNG 12	THỨ TƯ
CHỦ NHẬT	THÁNG MƯỜI
THÁNG MỘT	THỨ BẢY
THÁNG HAI	TUẦN
THỨ NĂM	THÁNG 9
THÁNG BẢY	THỨ SÁU

63 - Biología

```
M  H  T  Á  S  Ò  B  C  R  O  L  O  N  N  V  Y
Ằ  K  I  N  H  I  Ễ  M  S  Ắ  C  T  H  Ể  D  C
M  I  Ế  Y  K  T  I  O  M  I  M  U  I  N  K  H
B  M  N  V  A  N  I  E  T  O  R  P  Q  B  V  Ô
Ễ  V  H  C  Ọ  H  U  Ã  H  P  I  Ả  I  G  P  H
N  P  Ó  T  Ế  B  À  O  Ẩ  C  Â  Y  O  Q  H  Ấ
H  R  A  P  U  O  Y  E  M  Y  Z  N  E  I  Ô  P
Đ  Ộ  T  B  I  Ế  N  N  T  C  R  I  R  R  I  O
T  H  Ầ  N  K  I  N  H  H  O  N  P  N  C  C  H
A  N  L  Ê  B  Q  Ẩ  P  Ấ  L  N  B  V  R  V  N
Y  I  N  I  R  M  U  Q  U  L  T  C  Y  Q  I  H
T  S  N  H  P  Ợ  H  G  N  A  U  Q  H  D  O  G
I  G  Y  N  A  I  K  C  V  G  O  R  G  R  Q  M
M  N  M  Ự  O  U  I  N  K  E  N  O  M  R  O  H
G  Ộ  Q  T  B  G  V  D  Y  N  M  M  U  D  U  U
Q  C  T  T  K  N  I  A  D  L  U  M  Q  B  B  C
```

GIẢI PHẪU HỌC   ĐỘT BIẾN
VI KHUẨN   TỰ NHIÊN
TẾ BÀO   THẦN KINH
COLLAGEN   THẨM THẤU
NHIỄM SẮC THỂ   MẦM BỆNH
PHÔI   CÂY
ENZYME   PROTEIN
TIẾN HÓA   BÒ SÁT
QUANG HỢP   HÔ HẤP
HORMONE   CỘNG SINH

64 - Chocolate

```
Q  R  N  V  N  A  B  K  K  H  Y  R  T  O  M  C
V  Q  P  Y  C  Y  V  T  T  A  C  A  C  A  O  A
N  I  C  D  Q  U  D  P  L  Y  O  C  Q  P  I  R
N  G  N  I  Q  N  C  M  N  H  N  Y  R  B  D  A
H  L  Ọ  D  G  Đ  Ư  Ờ  N  G  V  Ị  M  Ộ  G  M
H  A  B  T  N  U  Y  K  Ầ  T  Y  G  O  T  B  E
N  H  H  L  Ộ  G  T  R  H  D  H  O  K  L  Q  L
A  I  C  G  H  V  O  O  P  T  Q  Ơ  A  H  N  B
K  Ỳ  L  Ạ  P  O  Y  N  H  O  D  V  M  G  Y  H
Y  G  V  Q  U  H  T  G  N  Ợ  Ư  L  T  Ấ  H  C
G  C  R  Ậ  U  G  B  À  G  G  M  R  M  M  I
Đ  Ắ  N  G  Đ  A  C  G  H  C  Í  H  T  U  Ê  Y
C  Ô  N  G  T  H  Ứ  C  T  B  H  C  Y  D  O  D
L  T  A  V  L  C  A  L  O  O  U  P  M  N  I  Ừ
P  P  V  U  A  N  T  I  O  X  I  D  A  N  T  A
H  Ư  Ơ  N  G  V  Ị  K  Y  H  A  B  D  M  G  Y
```

ĐẮNG
ANTIOXIDANT
THƠM
ĐƯỜNG
ĐẬU PHỘNG
CACAO
CHẤT LƯỢNG
CALO
CARAMEL
DỪA

NGON
NGỌT
KỲ LẠ
YÊU THÍCH
VỊ
THÀNH PHẦN
BỘT
CÔNG THỨC
HƯƠNG VỊ

65 - Barbacoas

```
U  Q  G  H  K  G  D  N  O  B  B  U  H  U  Q  L
Ê  T  T  I  Ó  Đ  I  A  N  Ữ  Ữ  M  I  C  Q  Y
I  V  D  Ố  A  R  H  B  O  A  A  U  H  C  À  C
T  V  P  U  C  Đ  D  A  K  T  T  A  Q  Y  Y  Q
O  R  G  M  V  C  Ì  M  U  Ố  R  R  O  V  L  T
I  L  Ẻ  O  M  N  T  N  È  I  Ư  K  A  C  G  B
Ơ  G  L  E  I  K  U  H  G  A  C  B  K  Y  B
H  À  N  H  M  G  S  D  A  L  A  S  N  K  Â  T
C  G  O  A  Q  L  R  K  Ù  T  B  P  O  U  C  K
Ò  O  V  M  C  Ạ  H  N  M  Â  L  L  B  G  I  B
R  R  D  T  D  O  C  Ư  D  Y  N  I  I  P  Á  P
T  O  H  L  P  L  A  Ớ  N  O  Q  U  I  H  R  B
T  L  M  P  H  K  Q  N  N  Ư  Ớ  C  X  Ố  T  D
B  C  B  G  U  O  D  G  G  K  I  V  L  V  H  V
B  A  Q  P  H  L  I  G  B  B  M  T  T  V  M  I
N  Ó  N  G  Y  Y  O  R  B  Q  V  T  B  I  P  I
```

BỮA TRƯA	ÂM NHẠC
NÓNG	TRẺ EM
HÀNH	NƯỚNG
BỮA TỐI	TIÊU
DAO	GÀ
SALADS	MUỐI
GIA ĐÌNH	NƯỚC XỐT
TRÁI CÂY	CÀ CHUA
ĐÓI	MÙA HÈ
TRÒ CHƠI	RAU

66 - Ropa

```
U U P G K O R Y G A P A T V U N
P I A Y Ă H N Á C O Á U N U D O
P U J K U N Ă Y G P K Y Q N R A
N H A T N B G N Ư L T Ắ H T C V
Á L M Ề D P Ạ T Q U U I O Á U G
O Y A T G N Ò V A U K K O O O H
S D K B R D É P H Y À I G L V P
Ơ Q H Y R A Y T R Á T N M E L I
M D R I C N N R C V Q O G N K M
I Q M H A Y T G V Ă N C K C H U
C B G L G L I H S Y N U O B Ổ B
Q U Ầ N V D V T R Ứ H U R V C O
T H Ờ I T R A N G V C R O G G C
U O T V Ớ M Ũ R G O B O U T N L
Á O K H O Á C U O U T R C C Ò T
M M H N T H Q P T T H P U N V B
```

ÁO CÁNH	TRANG SỨC
KHĂN QUÀNG CỔ	THỜI TRANG
VỚ	QUẦN
ÁO SƠ MI	PAJAMA
ÁO KHOÁC	VÒNG TAY
THẮT LƯNG	DÉP
VÒNG CỔ	MŨ
TẠP DỀ	ÁO LEN
VÁY	ĂN
GĂNG TAY	GIÀY

67 - Meditación

```
L  V  R  C  B  K  B  S  Q  B  D  I  I  P  L  L
Ò  Y  Ế  T  P  P  Ở  I  U  D  N  I  A  B  Ò  M
N  Ậ  H  N  P  Ấ  H  C  C  Y  O  H  R  B  N  A
G  A  T  L  I  R  T  K  R  Ả  N  C  Y  B  G  C
B  V  Ư  B  T  G  Q  D  H  O  M  G  H  A  T  H
I  P  T  I  M  L  Ặ  N  G  O  R  X  H  A  Ố  Ú
Ế  Q  H  H  Ò  A  B  Ì  N  H  N  Y  Ú  Ĩ  T  Ý
T  U  N  O  H  A  B  Q  L  K  C  C  Y  C  Q  T
Ơ  A  Y  D  N  Ê  I  H  N  N  Ê  I  H  T  U  Â
N  N  I  Ạ  H  G  N  Ơ  Ư  H  T  Q  K  N  A  M
K  S  P  Q  Â  N  T  L  Í  T  R  Í  T  P  N  T
O  Á  H  G  M  Ặ  A  R  Q  C  Q  Q  U  L  Đ  H
R  T  H  K  N  L  G  N  À  R  Õ  R  K  N  I  Ầ
I  V  U  Q  H  O  O  R  A  O  C  O  Q  H  Ể  N
V  P  C  N  Ạ  I  L  M  P  T  D  Q  D  L  M  L
K  D  L  K  C  P  C  K  C  B  Y  C  Q  O  D  L
```

CHẤP NHẬN
CHÚ Ý
LÒNG TỐT
LẶNG
RÕ RÀNG
THƯƠNG HẠI
CẢM XÚC
LÒNG BIẾT ƠN
TÂM THẦN
LÍ TRÍ

PHONG TRÀO
ÂM NHẠC
THIÊN NHIÊN
QUAN SÁT
HÒA BÌNH
SUY NGHĨ
QUAN ĐIỂM
TƯ THẾ
THỞ
IM LẶNG

68 - Café

```
M  H  T  N  V  U  K  P  C  N  A  Q  N  N  V  M
B  P  Q  Ư  G  N  Y  C  Q  Q  Q  A  U  T  A  L
S  Ữ  A  Ớ  H  N  C  T  Đ  M  M  I  K  R  A  A
O  B  G  C  Ọ  L  Ộ  B  Ắ  H  Q  C  K  Q  N  C
A  M  O  H  C  H  O  G  N  Ố  U  Ố  T  L  B  Y
D  I  U  A  A  Y  H  N  G  E  C  C  H  C  R  V
R  R  P  U  B  Q  H  Á  N  M  Đ  V  Y  X  U  A
L  O  C  P  C  G  C  S  Ờ  P  B  Y  H  G  A  V
N  C  I  N  H  I  B  I  Ư  Đ  N  H  I  I  D  Y
B  V  A  R  K  R  N  Ổ  Đ  Ồ  V  M  M  Á  A  Y
D  T  B  F  V  N  Q  U  A  U  Q  U  P  K  M  G
R  G  D  Q  F  M  P  B  P  Ố  D  K  M  P  R  L
I  A  P  M  T  E  Ị  V  G  N  Ơ  Ư  H  G  M  U
N  B  R  Ơ  C  K  I  K  R  G  N  A  R  G  C  B
R  H  Y  H  P  N  G  N  N  O  T  R  V  Ố  K  K
C  H  Ấ  T  L  Ỏ  N  G  E  O  R  R  C  C  C  Q
```

NƯỚC	SỮA
ĐẮNG	CHẤT LỎNG
THƠM	BUỔI SÁNG
RANG	XAY
ĐƯỜNG	ĐEN
UỐNG	GỐC
ĐỒ UỐNG	GIÁ
CAFFEINE	HƯƠNG VỊ
KEM	CỐC
BỘ LỌC	

69 - Libros

```
B  T  V  T  C  H  N  Ả  C  I  Ố  B  A  D  T  K
N  D  K  T  A  Q  À  V  D  M  G  O  Y  B  R  R
G  G  Q  V  M  Y  I  I  À  D  O  É  K  À  A  K
Â  L  P  B  I  V  L  O  H  H  K  L  L  I  N  V
M  R  T  P  A  B  H  V  P  Ư  O  L  Q  T  G  I
T  Ừ  C  U  M  N  M  N  D  K  Ớ  C  N  H  A  Ế
M  N  C  Â  U  C  H  U  Y  Ệ  N  C  L  Ơ  B  T
O  C  G  V  O  S  Á  N  G  T  Ạ  O  I  O  Ộ  U
T  Ọ  T  Ư  P  U  G  L  U  Ạ  L  D  C  K  S  R
C  H  V  D  Ờ  O  R  A  B  O  U  T  H  T  Ư  R
M  N  Ơ  Y  C  I  Q  R  K  L  U  A  S  D  U  G
V  Ă  Q  H  B  N  Đ  T  B  V  H  L  Ử  I  T  A
D  V  K  Y  U  O  R  Ọ  B  I  K  Ị  C  H  Ậ  K
R  H  Q  Q  T  Ả  I  G  C  Á  T  A  Y  C  P  G
T  I  Ể  U  T  H  U  Y  Ế  T  C  O  O  Y  B  N
C  Ó  L  I  Ê  N  Q  U  A  N  L  V  B  R  G  B
```

TÁC GIẢ
BỘ SƯU TẬP
BỐI CẢNH
KÉO DÀI
VIẾT
CÂU CHUYỆN
LỊCH SỬ
HÀI HƯỚC
NGÂM
SÁNG TẠO

NGƯỜI ĐỌC
VĂN HỌC
TIỂU THUYẾT
TỪ
TRANG
CÓ LIÊN QUAN
BÀI THƠ
THƠ
LOẠT
BI KỊCH

70 - Los Medios de Comunicación

```
Đ  O  T  Ố  S  T  Ậ  U  H  T  Ỹ  K  T  C  G  N
Y  Ị  T  Ạ  P  C  H  Í  L  H  Q  V  H  Ô  I  G
T  N  A  R  R  N  V  V  U  Á  T  T  Ư  N  Á  B
K  Y  M  P  B  K  H  Q  L  I  R  Y  Ơ  G  O  C
K  I  G  T  H  L  O  Ý  V  Đ  N  R  N  N  D  Ô
G  Y  N  Ậ  U  Ư  N  Y  K  Ộ  A  R  G  G  Ụ  N
D  D  Ạ  H  H  V  Ơ  L  C  I  À  Đ  M  H  C  G
M  G  M  T  P  L  O  N  R  H  Ế  U  Ạ  I  G  C
M  V  N  Ự  Q  H  H  Ế  G  U  B  N  I  Ẽ  B  Ộ
K  T  D  S  N  A  Í  Y  T  R  Ả  B  P  H  N
L  I  Ê  N  L  Ạ  C  U  R  Q  N  B  G  P  U  G
U  Q  K  Â  I  M  M  T  Í  O  H  N  L  A  U  L
U  L  T  H  Y  C  M  C  T  N  P  Ê  B  Á  O  G
B  O  C  N  P  A  I  Ự  U  I  Q  I  K  L  O  N
N  H  L  Á  R  T  D  R  Ẽ  V  L  H  K  H  Y  Y
I  N  U  C  L  K  I  T  L  D  M  P  L  A  K  L
```

THÁI ĐỘ	CÁ NHÂN
THƯƠNG MẠI	CÔNG NGHIỆP
LIÊN LẠC	TRÍ TUỆ
KỸ THUẬT SỐ	ĐỊA PHƯƠNG
PHIÊN BẢN	Ý KIẾN
GIÁO DỤC	BÁO
TRỰC TUYẾN	CÔNG CỘNG
KINH PHÍ	ĐÀI
ẢNH	MẠNG
SỰ THẬT	TẠP CHÍ

71 - Nutrición

```
O  Ă  Đ  Ẳ  N  G  G  N  Ằ  B  N  Â  C  T  T  C
Y  U  N  U  I  I  V  G  N  Ặ  N  N  Â  C  I  A
I  Y  Y  K  Y  U  U  Ũ  H  B  E  K  K  A  Ê  R
T  H  D  Q  I  I  K  C  C  I  M  B  H  T  U  B
Q  H  T  N  A  Ê  Q  Ố  A  H  N  U  K  U  H  O
S  Y  Ó  M  G  V  N  C  L  A  Ê  O  L  R  Ó  H
O  Ứ  D  I  N  O  Y  G  O  M  L  M  O  C  A  Y
P  T  C  L  Q  K  H  Ỏ  E  M  Ạ  N  H  I  T  D
A  Ị  R  K  C  U  C  H  Ấ  T  L  Ư  Ợ  N  G  R
V  V  M  B  H  O  E  N  Ư  Ớ  C  X  Ố  T  Y  A
N  G  O  N  Đ  Ỏ  U  N  P  R  O  T  E  I  N  T
H  N  U  T  Ộ  V  E  V  I  T  A  M  I  N  N  E
U  Ơ  R  Y  C  P  A  T  R  Y  A  H  O  D  P  D
L  Ư  T  I  T  Ă  N  Đ  Ư  Ợ  C  A  T  A  U  P
C  H  N  B  Ố  Y  C  T  G  N  U  D  D  T  U  P
Y  G  P  C  D  P  U  C  U  U  A  M  G  I  V  D
```

ĐẮNG	LÊN MEN
NGON	THÓI QUEN
CHẤT LƯỢNG	CÂN NẶNG
CALO	PROTEIN
CARBOHYDRATE	HƯƠNG VỊ
NGŨ CỐC	NƯỚC XỐT
ĂN ĐƯỢC	SỨC KHỎE
ĂN KIÊNG	KHỎE MẠNH
TIÊU HÓA	ĐỘC TỐ
CÂN BẰNG	VITAMIN

72 - Edificios

```
U  L  D  T  R  L  D  A  T  N  I  B  A  C  Q  B
Y  K  M  B  Y  Q  R  H  R  N  H  I  K  R  K  Ả
H  H  H  B  B  T  U  T  Ư  M  T  À  C  P  U  O
M  K  Ý  T  Ú  C  X  Á  Ờ  R  V  A  M  L  A  T
C  Ă  N  H  Ộ  I  P  S  N  I  Ạ  L  V  Á  H  À
G  A  R  A  D  R  Y  N  G  M  Y  P  Y  D  Y  N
B  I  H  H  V  B  T  A  H  T  Ị  B  H  Y  L  G
K  C  L  A  N  I  K  U  Ọ  À  H  N  T  Á  V  N
H  M  V  M  M  Ạ  Q  Q  C  V  T  Á  Q  A  T  Ộ
Á  R  H  G  C  R  A  I  D  V  U  U  P  R  M  Đ
C  V  R  U  C  T  H  À  O  U  Ê  Q  T  K  N  N
H  N  H  A  A  G  C  Đ  G  M  I  Ứ  H  M  U  Ậ
S  R  B  P  H  N  G  N  B  P  S  S  R  A  Ự  V
Ạ  T  Y  L  G  Ô  I  V  O  V  C  I  M  K  A  N
N  Ễ  I  V  H  N  Ễ  B  G  K  I  Ạ  A  A  V  Â
N  Q  Đ  Ạ  I  H  Ọ  C  O  I  À  Đ  U  Â  L  S
```

KÝ TÚC XÁ
CĂN HỘ
CABIN
NHÀ
LÂU ĐÀI
ĐẠI SỨ QUÁN
TRƯỜNG HỌC
SÂN VẬN ĐỘNG
NHÀ MÁY
GA-RA

VỰA
NÔNG TRẠI
BỆNH VIỆN
KHÁCH SẠN
BẢO TÀNG
ĐÀI QUAN SÁT
SIÊU THỊ
RẠP HÁT
THÁP
ĐẠI HỌC

73 - Océano

```
B V N D V D T P H R N L Ư Ơ N L
K R A H Y Y T G R G H C Á N G Ừ
U L G Q O C R R Y C P V V P T G
H C R K H Á B L T U D Y V C V O
T N I B K H Ọ V L O M A O K V K
R Y D P A E T B C Á Y P B C P A
Ả P Y G T O B M Ạ R T K H Á I O
L A A T Ô R I Y T C S C K V T T
Ạ M L K M M Ể Q R T H A G O D H
I U P T B I N Y N R V T N I A Ủ
G Ố G B T H U Y Ề N G Y U H P Y
D I V I Ã A B R A S M Q À Ộ Ô T
B V M U G O C Ù K Ứ Y A H N C R
N R V Y D Ả T A L A Y L B A T I
P H C G D T B Á B U V I I R Y Ề
R O O R Y C U A P Ậ M Á C O O U
```

TẢO
LƯƠN
TRẢ LẠI
CÁ NGỪ
CÁ VOI
THUYỀN
TÔM
CUA
SAN HÔ
CÁ HEO

BỌT BIỂN
THỦY TRIỀU
SỨA
HÀU
CÁ
BẠCH TUỘC
MUỐI
CÁ MẬP
BÃO TÁP
RÙA

74 - Agronomía

```
N  Ô  N  G  T  H  Ô  N  C  V  H  R  K  N  S  B
P  I  M  R  L  Q  Q  Y  U  K  Ạ  D  P  Ă  Ả  Ề
Ơ  P  M  O  U  H  I  K  T  L  T  Q  U  N  N  N
C  Y  T  B  U  C  Q  C  M  T  G  K  I  G  X  V
U  Â  S  I  N  H  T  H  Á  I  I  G  L  L  Ữ
Ữ  R  Y  R  K  M  T  P  O  B  Ố  P  A  Ư  Ấ  N
H  A  R  K  D  U  D  N  A  T  N  G  P  Ợ  T  G
Y  U  Y  I  C  Q  P  Ễ  I  H  G  N  G  N  Ô  N
M  Ô  I  T  R  Ư  Ờ  N  G  K  R  Ò  L  G  Q  G
P  H  Â  N  B  Ó  N  H  N  H  L  M  M  I  T  R
T  N  Ư  Ớ  C  K  T  Ệ  M  O  C  I  V  G  B  O
B  G  D  D  N  T  U  T  Q  A  G  Ó  U  C  D  Q
B  G  R  D  N  T  I  H  L  H  N  X  O  H  L  T
L  Ễ  H  L  B  A  Q  Ố  C  Ọ  Ô  N  H  I  Ễ  M
B  G  N  Ọ  M  U  D  N  L  C  Y  D  T  V  L  O
P  P  L  H  C  T  C  G  B  V  O  I  D  H  P  L
```

NÔNG NGHIỆP	MÔI TRƯỜNG
NƯỚC	HỮU CƠ
KHOA HỌC	CÂY
Ô NHIỄM	SẢN XUẤT
SINH THÁI	NÔNG THÔN
NĂNG LƯỢNG	HẠT GIỐNG
BỆNH	HỆ THỐNG
XÓI MÒN	BỀN VỮNG
HỌC	RAU
PHÂN BÓN	

75 - Actividades y Ocio

```
Y  M  M  H  C  Ị  L  U  D  D  N  O  L  K  L  M
O  A  O  N  Ắ  H  I  G  H  C  Í  H  T  Ở  S  Y
O  K  P  A  M  U  P  B  D  Â  H  Q  Ậ  N  V  O
U  V  Q  R  T  Ớ  Ư  L  N  U  M  P  U  N  D  P
K  T  B  T  R  K  N  U  C  C  U  D  H  A  M  K
A  A  B  C  Ạ  T  G  U  Y  Á  A  O  T  V  V  B
G  Y  O  Ứ  I  Ộ  L  I  Ơ  B  S  I  Ễ  T  B  T
F  V  N  B  A  B  Q  M  R  Q  Ắ  A  H  M  R  M
L  R  H  Ổ  N  V  L  U  D  C  M  A  G  I  D  L
O  Ặ  Q  T  R  T  G  D  Y  Y  A  I  N  B  Q  I
G  V  N  Ã  I  G  Ư  H  T  Ề  L  G  T  L  U  T
I  C  N  Á  Đ  G  N  Ó  B  I  N  N  K  D  Ầ  G
L  À  M  V  Ư  Ờ  N  Ó  V  K  V  A  G  M  N  N
B  Ó  N  G  C  H  À  Y  B  C  C  M  N  Y  V  N
B  Ó  N  G  C  H  U  Y  Ề  N  B  U  O  H  Ợ  L
H  Q  Y  L  P  A  M  Q  I  H  V  A  U  C  T  C
```

SỞ THÍCH	LÀM VƯỜN
NGHỆ THUẬT	BƠI LỘI
BÓNG RỔ	CÂU CÁ
BÓNG CHÀY	BỨC TRANH
QUYỀN ANH	THƯ GIÃN
LẶN	LƯỚT
CẮM TRẠI	QUẦN VỢT
MUA SẮM	DU LỊCH
BÓNG ĐÁ	BÓNG CHUYỀN
GOLF	

76 - Ingeniería

```
Đ Ư Ờ N G K Í N H Y S B D C I Ổ
C H Ấ T L Ỏ N G Q A Ứ B Q D L N
Ụ T U I C O K B N Y C Đ G B Q Đ
R Á Í C M K I N O B M B Ộ G B Ị
T S C N N G I O O P Ạ V C S N N
Y A I Ố H P N Â H P N Y M M Â H
O M I K M T U D G H H D Y I I U
D I E S E L O A H D B Q G K Q C
G O L I V M Đ Á M Y K O M Q T M
D U R N K I C I N M Đ Ộ N G C Ơ
K N Ă N G L Ư Ợ N G M Đ H N Ó L
C Ế A A U G L I R H Á Ò S Ự G P
R P T Y Y R Y O C A Y N Ơ D O I
L B Q C N U H H K H Ẩ B Đ Y D B
V D M K Ấ U R C R Y Đ Ẩ Ồ Â V O
I R L K C U O U N N K Y Q X N V
```

GÓC	KẾT CẤU
TÍNH TOÁN	MA SÁT
XÂY DỰNG	SỨC MẠNH
SƠ ĐỒ	CHẤT LỎNG
ĐƯỜNG KÍNH	MÁY
DIESEL	ĐO
PHÂN PHỐI	ĐỘNG CƠ
TRỤC	ĐÒN BẨY
NĂNG LƯỢNG	ĐỘ SÂU
ỔN ĐỊNH	ĐẨY

77 - Comida #1

```
H  K  K  P  B  G  H  N  K  N  L  R  O  L  G  N
N  À  N  M  R  A  A  I  T  P  Ú  S  Y  T  T  U
A  G  N  Ờ  Ư  Đ  K  A  G  É  A  Y  U  O  C  T
H  T  N  H  I  Ở  T  A  B  C  M  Ữ  C  L  L  Q
C  T  I  R  Ố  H  V  B  R  Ớ  Ạ  I  S  D  Y  T
H  M  D  Â  U  T  Â  Y  G  Ư  C  U  M  B  N  D
N  Y  A  V  M  L  C  A  U  N  H  T  H  M  L  T
T  T  L  K  H  I  D  O  Y  D  I  D  T  V  Q  G
D  P  A  B  Ạ  C  H  À  V  I  H  T  Y  I  H  U
A  T  S  G  O  V  T  M  R  C  Á  N  G  Ừ  T  T
A  Q  Y  P  G  T  H  V  V  A  Ế  C  Q  D  N  I
H  M  U  D  G  R  Ị  Y  L  Q  U  G  L  K  I  L
V  P  A  N  L  Ê  T  O  L  H  Q  B  A  Q  M  Y
C  À  R  Ố  T  V  K  A  R  A  Y  B  I  A  T  D
D  L  M  M  Q  N  H  Ú  N  G  Q  U  Ế  N  K  A
D  C  Ủ  C  Ả  I  C  R  A  I  Q  D  K  A  A  B
```

TỎI	DÂU TÂY
HÚNG QUẾ	NƯỚC ÉP
CÁ NGỪ	SỮA
ĐƯỜNG	CHANH
QUẾ	BẠC HÀ
THỊT	CỦ CẢI
LÚA MẠCH	LÊ
HÀNH	MUỐI
SALAD	SÚP
RAU BINA	CÀ RỐT

78 - Virtudes #1

```
N  V  V  T  B  K  Đ  H  B  H  Đ  H  T  I  N  C
K  G  D  U  O  R  A  I  L  N  A  Ộ  P  R  M  O
L  D  H  H  I  I  M  Ẽ  M  Ị  P  T  C  Q  L  B
B  D  N  Ễ  B  V  M  U  I  Đ  T  P  K  L  K  M
L  Y  I  I  T  Y  Ê  Q  Y  T  Ố  T  H  T  Ậ  A
Q  A  M  O  K  H  D  U  C  Ế  C  K  Ô  Ư  K  P
Y  M  G  L  O  C  U  Ả  B  Y  R  H  N  Ở  G  Đ
Ũ  R  N  Ế  Y  U  Q  Ậ  M  U  Ộ  I  N  N  N  Á
L  D  Ô  O  D  R  N  T  Q  N  Ê  G  G  B  N
Q  P  H  Q  D  Ọ  N  D  Ẹ  P  G  M  O  T  R  G
T  D  T  C  O  U  L  R  O  H  L  T  A  Ư  K  T
P  H  K  I  Ê  N  N  H  Ã  N  Ư  Ố  N  Ợ  I  I
R  G  Ự  D  C  D  H  V  A  T  Ợ  N  C  N  T  N
B  A  H  C  Í  U  Ữ  H  T  A  N  O  U  G  Ò  C
H  P  A  D  T  R  C  O  N  H  G  U  U  V  M  Ậ
M  T  C  B  A  Ế  B  U  Ồ  N  C  Ư  Ờ  I  Ò  Y
```

ĐAM MÊ	TƯỞNG TƯỢNG
NGHỆ THUẬT	ĐỘC LẬP
TỐT	THÔNG MINH
TÒ MÒ	DỌN DẸP
QUYẾT ĐỊNH	KHIÊM TỐN
HIỆU QUẢ	KIÊN NHẪN
QUYẾN RŨ	THỰC TẾ
ĐÁNG TIN CẬY	KHÔN NGOAN
RỘNG LƯỢNG	HỮU ÍCH
BUỒN CƯỜI	

79 - Antigüedades

```
Đ Ồ N Ộ I T H Ấ T A O U B P O Y
T C H N B Ậ H C Ị L H N A H T A
R H T R B H B A N Q B D E O L U
A Ấ C Y P T Ỷ I M G V M N N T C
N T P R P H K V T G K O T G D G
G L G L P P Ế Đ Ầ U T Ư H C Y K
S Ư I T Ậ U H T Ễ H G N U Á I G
Ứ Ợ Á P T X T Ụ P G G N S C O T
C N T V U G P Ũ C D Q U I H T R
Đ G R L Ư N G D Ắ H L I A A U A
U Ấ Ị G S Ồ Q P H B Ồ G S H D N
G B U Y Ộ Đ M V K H R I T V I G
H M N G B H L H U V Y I I K Q T
D R M I I O M G Ê Y Q K H T C R
R N P V Y Á T G I L C L T V U Í
Đ I Ề U K I Ệ N Đ P G M Q G D U
```

NGHỆ THUẬT
THẬT
CHẤT LƯỢNG
ĐIỀU KIỆN
TRANG TRÍ
THANH LỊCH
ENTHUSIAST
ĐIÊU KHẮC
PHONG CÁCH
BỘ SƯU TẬP

ĐẦU TƯ
TRANG SỨC
ĐỒNG XU
ĐỒ NỘI THẤT
GIÁ
PHỤC HỒI
THẾ KỶ
ĐẤU GIÁ
GIÁ TRỊ
CŨ

80 - Literatura

```
V  N  H  G  O  V  U  C  L  D  Y  U  V  G  T  Ý
I  I  Ạ  O  H  T  I  A  I  G  A  B  Ầ  B  Ư  K
U  R  Ễ  B  C  U  P  H  V  G  Y  Ơ  N  K  Ơ  I
B  A  R  N  Ậ  U  L  T  Ế  K  N  Ầ  H  P  N  Ế
T  N  H  Y  T  Ế  Y  U  H  T  U  Ể  I  T  G  N
M  B  V  H  U  Ư  S  Ự  M  I  Ê  U  T  Ả  T  T
Ử  S  U  Ể  I  T  Ở  N  L  U  B  M  B  I  Ự  Á
N  O  R  H  C  Í  T  N  Â  H  P  À  O  R  T  C
H  S  D  O  U  H  B  Y  G  C  Q  I  I  V  A  G
Ị  Á  B  O  U  P  R  D  M  G  K  Ạ  K  T  H  I
P  N  H  T  U  A  U  V  H  K  C  O  T  P  H  Ả
Ể  H  C  Á  C  G  N  O  H  P  C  H  Ủ  Đ  Ề  Ơ
N  P  Ị  O  V  H  C  V  T  C  Q  T  H  B  Q  N
D  P  K  O  T  L  Q  Q  O  T  U  I  P  T  L  U
Ụ  B  I  K  O  Y  A  B  I  Q  A  Ộ  H  Y  A  O
T  G  B  Q  U  K  C  T  M  Q  I  H  K  M  U  M
```

TƯƠNG TỰ
PHÂN TÍCH
GIAI THOẠI
TÁC GIẢ
TIỂU SỬ
SO SÁNH
PHẦN KẾT LUẬN
SỰ MIÊU TẢ
HỘI THOẠI
PHONG CÁCH

VIỄN TƯỞNG
ẨN DỤ
TIỂU THUYẾT
Ý KIẾN
BÀI THƠ
THƠ
VẦN
NHỊP
CHỦ ĐỀ
BI KỊCH

81 - Química

```
V V D P K P U U M B B B K L Q A
V V R H I H H H Ề U C O R T P G
P C G Ả M Â M D I N Ố N P C Q V
B B I N L N Ộ T K B P I H H C P
B A N Ứ O T Đ G Q U G T G Y O L
N A D N Ạ Ử T N Ẽ I Đ M Y D C C
M Y U G I C Ễ Ỏ D L A Q P R B U
E N Z Y M E I L Y V G R A O O Q
K H T C X D H T K H Y A L A L A
Q M U P R Ô N Ấ K N O B R A C O
D U Q N M Q B H U Â H V M K R A
Q D P P T H V C Í H K I I K M Q
H H N P M H H H N D N O I Ễ C O R
U P D C O Q I V M T I X A T C Q
C Â N N Ặ N G A N Ạ K L B R Y L
C C Á T C Ú X T Ấ H C N Q N M A
```

KIỀM	ION
AXIT	CHẤT LỎNG
NHIỆT	KIM LOẠI
CARBON	PHÂN TỬ
CHẤT XÚC TÁC	HẠT NHÂN
CLO	ÔXY
ĐIỆN TỬ	CÂN NẶNG
ENZYME	PHẢN ỨNG
KHÍ	MUỐI
HYDRO	NHIỆT ĐỘ

82 - Gobierno

```
Q A A U K U T I T I S M L P D I
D U Q U Y Ề N Y Ự T Ự O Ã Q M C
G Ể Ố B Ị Q O G P H C N N Ậ U Q
R I B C R C R L H Ả Ô U H B P Y
L B I M T Ậ U L Á O N M Đ T Y K
T T Ể D H Ị V K P L G E Ạ D V U
I Á U P N Q C L Á U B N O U D C
Ể H T Q Í Q Y H H Ậ Ằ T B D B B
U P Ư N H C Q T P N N I U T Ự A
B Ậ Ợ A C C K Q N D G K V K S T
A L N G N Ủ M U Ế A K V N T N T
N C G V A K H Ố I T B B Y G Â Q
G Ộ L Q L K V C H T Q L A B D V
I Đ Y O T D D G N Ẳ Đ H N Ì B A
V Y G O Q N P I U Â L H H O O M
C A A L P B U A N A D P A K K L
```

QUỐC TỊCH	ĐỘC LẬP
DÂN SỰ	TƯ PHÁP
HIẾN PHÁP	SỰ CÔNG BẰNG
DÂN CHỦ	LUẬT
QUYỀN	TỰ DO
PHÁT BIỂU	LÃNH ĐẠO
THẢO LUẬN	MONUMENT
QUẬN	QUỐC GIA
TIỂU BANG	CHÍNH TRỊ
BÌNH ĐẲNG	BIỂU TƯỢNG

83 - Creatividad

```
A  B  A  S  M  L  M  R  I  I  L  P  R  T  B  M
M  T  O  Á  L  O  V  O  Q  Ổ  R  U  I  Í  I  P
K  Y  Y  N  C  Ư  Ờ  N  G  Đ  Ộ  Y  M  N  Ể  A
B  Y  C  G  N  Ă  N  Ỹ  K  Y  Q  T  C  H  U  L
O  C  Y  T  H  Y  V  C  M  A  A  C  Á  X  H  H
M  A  A  Ạ  D  T  L  H  N  H  N  Ả  I  Á  I  C
G  Y  P  O  D  R  I  T  A  T  N  I  G  C  Ễ  O
M  Q  R  U  A  G  C  Ả  M  G  I  Á  C  T  N  B
C  Ả  M  H  Ứ  N  G  T  H  H  A  G  Ự  H  T  H
G  Ú  P  V  T  Ổ  N  N  Ự  K  O  U  R  Ự  C  C
A  P  X  R  T  L  Ở  I  À  P  T  V  T  C  I  I
K  N  M  M  G  B  Ư  M  R  R  H  C  Ị  K  G  Q
I  V  Q  R  Ả  H  T  O  P  L  Õ  Á  Y  D  M  V
B  V  N  D  U  C  Ý  T  Q  R  M  R  T  U  I  V
N  G  H  Ệ  T  H  U  Ậ  T  T  Ầ  M  N  H  Ì  N
Ấ  N  T  Ư  Ợ  N  G  N  Ố  S  C  Ứ  S  M  D  Q
```

NGHỆ THUẬT
TÍNH XÁC THỰC
THAY ĐỔI
RÕ RÀNG
KỊCH
CẢM XÚC
TỰ PHÁT
BIỂU HIỆN
LỎNG
KỸ NĂNG

Ý TƯỞNG
ẢNH
ẤN TƯỢNG
CẢM HỨNG
CƯỜNG ĐỘ
TRỰC GIÁC
SÁNG TẠO
CẢM GIÁC
TẦM NHÌN
SỨC SỐNG

84 - Filantropía

```
T  Ừ  T  H  I  Ệ  N  L  A  P  G  A  Q  T  H  C
P  T  V  D  Y  Y  I  M  Y  Q  G  D  A  R  I  Ô
O  D  B  I  N  V  R  L  D  G  R  H  Q  Ẻ  V  N
A  Q  G  C  A  C  P  D  M  R  P  G  B  E  N  G
B  K  R  A  H  H  K  V  O  T  A  N  Q  M  V  C
T  O  À  N  C  Ầ  U  Ụ  R  L  N  Ồ  R  U  R  Ộ
M  P  Y  A  K  Q  B  V  Y  C  Q  Đ  K  U  Ỹ  N
C  I  C  M  V  I  R  M  L  N  Ầ  G  N  Ặ  T  G
M  R  R  Ó  H  K  Q  Ễ  Ụ  D  A  N  I  L  R  L
L  Ị  C  H  S  Ử  B  I  R  C  Q  Ộ  O  Q  A  M
N  Ê  I  N  H  N  A  H  T  Ạ  T  C  G  U  B  Y
O  U  Y  M  V  P  G  N  N  L  Ễ  I  Q  Q  H  H
C  H  Ư  Ơ  N  G  T  R  Ì  N  H  Ờ  Ê  Q  Y  A
T  R  U  N  G  T  H  Ự  C  Ê  Ế  Ư  I  U  P  D
T  À  I  C  H  Í  N  H  T  I  H  G  C  G  U  P
N  H  Â  N  L  O  Ạ  I  P  L  T  N  P  K  G  V
```

TỪ THIỆN
CỘNG ĐỒNG
LIÊN LẠC
TẶNG
TÀI CHÍNH
QUỸ
THẾ HỆ
NGƯỜI
TOÀN CẦU
NHÓM

LỊCH SỬ
TRUNG THỰC
NHÂN LOẠI
THANH NIÊN
MỤC TIÊU
NHIỆM VỤ
CẦN
TRẺ EM
CHƯƠNG TRÌNH
CÔNG CỘNG

85 - Clima

```
K S R I G T R L C Ự C A B R H C
C H É P I M H Ố M Q G Q B V N S
Ằ B Ô T Ó K U C C Ơ N B Ã O N Ư
U P K N G K R X N H I Ệ T Đ Ộ Ơ
V U D G G I U O P Á T O Ã B L N
Ồ H L K H K G Á P Ô H K Y I A G
N U U T Q D H Y Đ B Q N O M I M
G G I Ó M Ù A Í Á D C L Ạ A Ớ Ù
S Ấ M S É T N G M B C P V H Đ K
G Q I K L Y Ư I M Ầ L Ũ L Ụ T H
B Q U K B R Ớ M Â U A O D L Ệ Í
C R G B B U C L Y T P L C Q I H
N I G T V L Đ Q Q R C P L L H Ậ
C A N K M Q Á I K Ờ V O V Q N U
K R K C Y P A G N I B D T G V D
L A O I D V B Y Y K H C P G A R
```

CẦU VỒNG

CỰC

KHÔNG KHÍ

SÉT

BẦU TRỜI

KHÔ

KHÍ HẬU

HẠN HÁN

NƯỚC ĐÁ

NHIỆT ĐỘ

CƠN BÃO

BÃO TÁP

LŨ LỤT

LỐC XOÁY

GIÓ MÙA

NHIỆT ĐỚI

SƯƠNG MÙ

SẤM SÉT

ĐÁM MÂY

GIÓ

86 - Comida #2

```
B  B  N  L  Y  B  H  P  A  H  A  K  Y  B  P  O
B  O  O  N  Ú  I  Ố  U  H  C  O  K  C  A  P  D
L  I  K  O  T  A  K  B  L  O  Y  A  À  G  P  O
T  K  K  U  O  M  M  Í  T  À  C  I  C  K  I  T
D  L  L  K  D  Ô  N  Ì  Á  K  V  Y  H  P  R  G
C  U  A  L  U  H  T  P  O  A  A  O  U  A  A  Q
P  H  Q  L  U  P  Y  B  R  C  N  G  A  H  T  U
Q  U  Ả  K  I  W  I  M  D  R  I  Ừ  H  Ạ  I  Ả
Y  G  K  G  B  Á  N  H  M  Ì  U  N  M  N  S  A
S  N  À  Ạ  C  Ầ  N  T  Â  Y  Y  G  M  H  Ô  N
Ữ  I  H  O  A  A  Y  L  Y  U  M  L  V  N  M  H
A  L  A  O  G  N  Ơ  Ư  D  G  N  Ớ  Ư  H  A  Đ
C  K  D  K  Y  L  N  K  T  O  Y  A  R  Â  N  À
H  U  N  R  G  I  T  K  R  N  N  B  Y  N  Q  O
U  N  H  L  V  H  T  R  Ứ  N  G  O  V  L  U  T
A  Q  S  Ô  C  Ô  L  A  V  B  B  A  M  D  P  T
```

ATISÔ	QUẢ KIWI
HẠNH NHÂN	TÁO
CẦN TÂY	BÁNH MÌ
GẠO	CHUỐI
CÀ TÍM	GÀ
QUẢ ANH ĐÀO	PHÔ MAI
SÔ CÔ LA	CÀ CHUA
HƯỚNG DƯƠNG	LÚA MÌ
TRỨNG	NHO
GỪNG	SỮA CHUA

87 - Diplomacia

```
Y  C  C  H  Í  N  H  P  H  Ử  H  N  Y  K  U  B
D  U  V  A  Y  R  T  L  Ữ  O  T  D  N  D  U  L
Q  Ị  D  I  K  Q  Q  K  B  G  N  D  P  D  R  L
V  R  Đ  Ạ  I  S  Ứ  T  O  À  N  V  Ẹ  N  D  T
U  T  P  B  V  O  D  C  Ạ  N  O  N  I  P  U  I
T  H  Ả  O  L  U  Ậ  N  Đ  G  C  H  Ô  M  Q  Y
Ế  N  R  V  H  I  K  Á  N  O  Ộ  I  H  G  U  N
Y  Í  D  G  A  P  R  U  Â  Ạ  N  Ẽ  C  H  N  G
U  H  O  L  N  B  Q  Q  H  I  G  P  Ố  H  K  O
Q  C  X  R  N  L  L  Ứ  N  Q  Đ  Ư  V  Ợ  P  Ạ
Ị  Ứ  U  A  I  O  P  S  Q  U  Ồ  Ớ  Ấ  P  N  I
H  Đ  N  I  N  U  O  I  Y  Ố  N  C  N  T  G  G
G  O  G  A  H  A  Y  Ạ  M  C  G  D  V  Á  N  I
N  Ạ  Đ  G  T  H  T  Đ  K  D  L  D  N  C  R  A
B  Đ  Ộ  P  O  S  Ự  C  Ô  N  G  B  Ằ  N  G  O
H  B  T  G  I  Ả  I  P  H  Á  P  M  H  U  K  N
```

CỔ VẤN   CHÍNH PHỦ
CỘNG ĐỒNG   NHÂN ĐẠO
XUNG ĐỘT   NGÔN NGỮ
HỢP TÁC   TOÀN VẸN
NGOẠI GIAO   SỰ CÔNG BẰNG
THẢO LUẬN   CHÍNH TRỊ
ĐẠI SỨ QUÁN   NGHỊ QUYẾT
ĐẠI SỨ   AN NINH
NGOẠI QUỐC   GIẢI PHÁP
ĐẠO ĐỨC   HIỆP ƯỚC

88 - Herboristería

```
G  P  B  U  R  Ẳ  R  O  S  E  M  A  R  Y  C  H
I  G  Ạ  C  A  Q  M  A  I  K  K  M  O  I  H  Ú
N  N  C  O  U  T  M  T  H  C  Q  Ù  O  H  Ấ  N
M  Ơ  H  T  T  L  C  I  H  H  G  I  Ỏ  T  T  G
T  Ư  À  N  H  T  Ậ  V  C  Ự  H  T  V  U  L  Q
B  H  G  D  Ì  T  H  Ì  L  À  C  Â  Ư  L  Ư  U
U  I  À  K  L  H  N  V  T  L  A  Y  Ờ  M  Ợ  Ế
K  Ả  M  N  À  D  A  P  Y  O  T  Â  N  C  N  Y
H  O  A  N  H  R  X  B  T  T  T  A  A  G  M
C  A  D  C  U  P  L  P  Y  Y  Ẽ  I  Q  L  N
Y  O  I  D  Y  R  H  K  Q  O  Y  H  L  L  I  V
G  H  A  R  Y  K  M  Ầ  P  Ị  V  G  N  Ơ  Ư  H
K  O  D  O  N  N  H  T  N  N  T  N  I  H  T  Q
L  Á  K  I  N  H  G  I  Ớ  I  I  G  R  N  B  C
G  I  Ấ  M  P  G  R  T  V  T  O  V  O  U  N  Q
L  A  B  P  B  B  B  N  K  A  Y  D  N  L  C  L
```

TỎI	THÀNH PHẦN
HÚNG QUẾ	VƯỜN
THƠM	HOA OẢI HƯƠNG
NGHỆ TÂY	LÁ KINH GIỚI
CHẤT LƯỢNG	BẠC HÀ
ẨM THỰC	MÙI TÂY
RAU THÌ LÀ	THỰC VẬT
GIẤM	ROSEMARY
HOA	HƯƠNG VỊ
THÌ LÀ	XANH

89 - Energía

```
O  V  O  Ạ  T  I  Á  T  Ó  Q  I  N  G  E  H  Ơ
N  Y  P  P  Ễ  U  P  Ễ  I  H  G  N  G  N  Ô  C
V  T  Y  K  I  P  A  L  G  D  B  L  P  T  M  G
Y  M  U  M  H  U  P  B  I  D  U  M  L  R  A  N
T  O  Ử  T  N  Ễ  I  Đ  I  A  D  N  N  O  K  Ộ
D  I  E  S  E  L  H  P  Ờ  N  Ễ  I  Đ  P  N  Đ
H  Y  D  R  O  U  H  I  R  O  O  B  R  Y  Q  B
N  Y  D  X  R  R  L  N  T  T  D  B  B  V  P  P
B  N  D  N  Ă  C  K  Y  T  O  C  A  R  R  H  Y
N  V  M  U  N  N  P  N  Ặ  H  R  M  A  A  Y  U
Â  T  Ễ  G  P  D  G  Q  M  P  G  T  R  R  C  N
H  Ơ  I  N  Ư  Ớ  C  P  C  I  M  C  H  G  K  A
N  O  H  N  C  N  Q  N  A  G  A  U  C  C  O  Q
T  N  N  H  K  C  U  U  L  N  R  Q  A  H  C  O
Ạ  P  Ô  N  H  I  Ê  N  L  I  Ễ  U  V  N  T  A
H  H  P  M  A  O  Y  U  N  H  C  P  O  Y  A  M
```

PIN
NHIỆT
CARBON
NHIÊN LIỆU
Ô NHIỄM
DIESEL
ĐIỆN TỬ
ĐIỆN
ENTROPY
PHOTON

XĂNG
HYDRO
CÔNG NGHIỆP
ĐỘNG CƠ
HẠT NHÂN
TÁI TẠO
MẶT TRỜI
TUA-BIN
HƠI NƯỚC
GIÓ

90 - Insectos

```
N Q R G P U Ấ P Q P A K P C B L
C A T V O D U Y B H P M M Ớ Ư B
M H I M T Q T O Ọ N U Y N H Ớ B
D M Â Y P Ễ R L C G T C A T M Ọ
H Q Y U V R Ù B H L L C Q R Đ C
L O K M C V N O É S Â U D U Ê Á
I P R P L H G Á T G V L G Y M N
K N Y N A L Ấ V I C À O C À O H
G B M Ế E R C U Ỗ G N O M Ố I C
A Y R I M T O R U U Y V U U K Ứ
R B A K P B N L M B R Y K D C N
Q T A T I M O T D Y H C L C L G
Q V O U I B N L O D T D K A M O
O Q N C G V G T P A Ự G N Ọ B D
V G Q V I A K G D L I N Y T V P
C O N V E S Ầ U I D T G A R C M
```

CON ONG
ONG
HORNET
RỆP
CON VE SẦU
GIÁN
BỌ CÁNH CỨNG
SÂU
KIẾN
CÀO CÀO

ẤU TRÙNG
BỌ NGỰA
BƯỚM
LADYBUG
MUỖI
BƯỚM ĐÊM
BỌ CHÉT
CHÂU CHẤU
MỐI

91 - Especias

```
N B D P Q N Đ C I I O N Q L I D
D N M L L H H I Â H G G T Ỏ I L
I P M V U Ụ T Ố N Y G Ọ R K N C
A K I R À C D U H H T T U M A G
M L T N P Đ P M D A H H G U V R
G Q U K D Ậ K D P R G Ư Ì I C Q
N L K M L U Ê I T G H N Ơ L D U
H À N H C K H Ư Ơ N G V Ị N À Ế
I B M O K H V Q V A M V A N G U
D C D G C Ấ B Y H P R Y K R N K
O V N R V U Y U P N L C H N Ừ P
N G H Ệ T Â Y T H Ì L À H A G I
Đ Ắ N G C A M T H Ả O T B U R I
C Â Y H Ồ I Q Ớ T C Ự A G À A V
R I A P O M I A Q N Q N I K N T
G N C H P O T G T P T U D L U H
```

CHUA	NGỌT
TỎI	THÌ LÀ
ĐẮNG	GỪNG
CÂY HỒI	NHỤC ĐẬU KHẤU
NGHỆ TÂY	ỚT CỰA GÀ
QUẾ	TIÊU
HÀNH	CAM THẢO
ĐINH HƯƠNG	HƯƠNG VỊ
CÂY THÌ LÀ	MUỐI
CÀ RI	VANI

92 - Emociones

```
S  Y  Y  L  G  B  C  U  C  N  Ã  I  G  Ư  H  T
Ự  O  G  C  U  Y  C  Q  B  Ả  Ộ  G  R  H  V  G
P  T  G  H  P  Ổ  H  U  Ấ  X  M  I  C  C  U  P
H  G  S  A  C  N  Á  U  D  I  A  T  D  T  N  R
Ẫ  N  S  Y  A  D  N  L  Ặ  N  G  H  H  U  Ê  Y
N  Ò  I  D  C  K  H  N  Ì  B  A  Ò  H  H  Ô  N  D
N  L  L  Ề  B  I  Ả  A  D  Q  P  I  G  I  N  G
Ộ  I  B  L  M  P  N  O  R  Ợ  Q  T  R  D  A  G
H  À  D  A  K  V  T  U  O  S  H  O  D  I  O  N
I  H  K  P  U  U  U  T  R  I  Â  N  L  O  O  À
H  N  M  C  T  K  Q  I  N  Ỗ  C  O  Ò  Q  Y  D
B  Ì  N  Ỗ  I  B  U  Ồ  N  N  R  C  N  Q  K  U
C  B  Q  N  M  G  B  Q  D  L  A  R  G  G  M  !
G  N  P  R  O  M  B  K  B  V  C  U  T  Q  C  D
Q  Ê  H  N  O  O  D  I  H  V  V  R  Ố  B  A  M
M  Y  K  I  B  V  Y  Y  P  T  U  V  T  H  U  K
```

CHÁN NẢN	SỰ PHẪN NỘ
TRI ÂN	NỖI SỢ
NIỀM VUI	HÒA BÌNH
YÊU	THƯ GIÃN
XẤU HỔ	HÀI LÒNG
BLISS	CẢM THÔNG
LÒNG TỐT	DỊU DÀNG
LẶNG	YÊN BÌNH
NỘI DUNG	NỖI BUỒN

93 - Jazz

```
N  Ổ  I  D  A  N  H  U  Ĩ  N  H  A  T  U  Â  C
N  K  G  N  Ố  R  T  O  S  Q  R  Ứ  L  U  M  P
H  Ỹ  G  H  Ầ  G  U  N  Ễ  K  Q  Y  N  H  N  L
Ấ  T  B  À  I  H  Á  T  H  U  T  M  Y  G  H  Y
N  H  D  K  Ạ  A  P  I  G  Ị  O  M  V  C  Ạ  G
M  U  P  A  O  P  L  H  N  Q  P  Y  I  Ũ  C  D
Ạ  Ậ  R  M  L  C  Ạ  H  N  A  Ò  H  I  Ổ  U  B
N  T  O  D  Ể  P  L  C  M  À  A  L  B  U  M  B
H  H  C  G  H  B  Q  Á  C  Ạ  H  N  N  À  D  H
K  N  V  U  T  U  T  C  Q  U  N  T  M  Ớ  I  G
Y  A  R  D  L  C  Q  G  N  Ă  N  I  À  T  O  G
N  H  À  S  O  Ạ  N  N  H  Ạ  C  A  D  Q  A  T
P  A  K  B  O  O  R  O  U  C  A  M  B  H  I  M
C  A  P  N  P  A  O  H  C  Í  H  T  U  Ê  Y  C
U  H  B  M  N  K  N  P  C  K  M  K  L  B  L  G
K  T  P  R  K  U  I  Q  G  K  B  Y  Q  Y  A  Q
```

NGHỆ SĨ	THỂ LOẠI
ALBUM	HỨNG
BÀI HÁT	ÂM NHẠC
THÀNH PHẦN	MỚI
NHÀ SOẠN NHẠC	DÀN NHẠC
BUỔI HÒA NHẠC	NHỊP
PHONG CÁCH	TÀI NĂNG
NHẤN MẠNH	TRỐNG
NỔI DANH	KỸ THUẬT
YÊU THÍCH	CŨ

94 - Mediciones

```
T  H  Ậ  P  P  H  Â  N  H  G  H  R  C  C  L  I
O  É  C  Y  D  C  M  T  Y  N  O  D  H  E  N  P
A  P  M  I  D  N  G  U  Ợ  B  C  I  N  Q  A
P  P  O  Ô  D  I  C  C  B  Ư  Y  Q  Ề  T  Y  N
T  T  R  Q  L  G  L  N  H  L  G  I  U  I  T  M
D  U  Ấ  Q  U  I  K  N  C  I  M  K  D  M  I  B
M  K  G  N  I  H  K  M  B  Ố  Ề  V  À  E  A  N
G  R  A  M  O  T  D  É  C  H  B  U  I  T  L  K
B  Y  T  E  U  K  K  T  V  K  R  M  R  G  T  L
O  M  Y  U  N  G  C  Â  N  N  Ặ  N  G  Ộ  T  I
V  K  O  A  C  U  Ề  I  H  C  I  K  A  P  N  D
D  V  K  V  E  V  Q  N  Q  G  C  Đ  P  Q  L  G
K  I  L  Ô  G  A  M  P  H  Ú  T  Ộ  D  D  T  O
T  R  Ì  N  H  Đ  Ộ  I  G  P  Í  S  T  T  T  T
Â  M  L  Ư  Ợ  N  G  M  B  B  L  Â  K  C  P  N
P  V  B  D  Q  P  B  V  N  I  T  U  O  V  B  G
```

CHIỀU CAO	CHIỀU DÀI
CHIỀU RỘNG	KHỐI LƯỢNG
BYTE	MÉT
CENTIMET	PHÚT
THẬP PHÂN	OUNCE
TRÌNH ĐỘ	CÂN NẶNG
GRAM	ĐỘ SÂU
KILÔGAM	INCH
KILÔMÉT	TẤN
LÍT	ÂM LƯỢNG

95 - Barcos

```
I  A  I  N  Y  R  Q  N  K  S  Y  A  Y  K  T  C
Q  C  R  C  A  M  O  E  A  D  Ô  A  O  A  H  P
K  C  Ý  L  I  Ả  H  O  Y  V  H  N  D  R  U  P
T  H  Ủ  Y  T  H  Ủ  Ồ  A  P  Ơ  R  G  I  Y  H
V  R  C  O  B  Y  Q  U  K  K  C  I  M  B  Ề  I
C  Ộ  T  B  U  Ồ  M  H  À  N  G  H  Ả  I  N  H
N  H  N  V  Ề  P  D  G  Q  Ể  N  P  P  È  B  À
D  A  G  I  I  Y  U  U  P  I  Ộ  T  T  Q  U  N
D  O  U  R  R  M  T  T  Q  B  Đ  Y  U  K  Ồ  H
C  Â  C  A  T  V  H  R  X  O  M  C  I  I  M  Đ
Y  N  Y  Y  Y  K  U  U  P  U  O  L  A  P  O
M  T  R  T  Ủ  M  Y  I  Ồ  G  T  D  L  O  H  À
V  Q  B  I  H  U  Ề  V  N  Y  G  A  M  U  À  N
C  R  B  G  T  Ừ  N  A  G  N  O  A  I  U  Y  G
B  T  N  P  K  T  N  Đ  Ạ  I  D  Ư  Ơ  N  G  T
Q  V  V  M  A  Q  K  G  I  Q  Q  Q  M  C  M  C
```

NEO	THỦY THỦ
BÈ	HÀNG HẢI
PHAO	CỘT BUỒM
XUỒNG	ĐỘNG CƠ
DÂY THỪNG	HẢI LÝ
PHÀ	ĐẠI DƯƠNG
KAYAK	SÔNG
HỒ	PHI HÀNH ĐOÀN
BIỂN	THUYỀN BUỒM
THỦY TRIỀU	DU THUYỀN

96 - Antártida

```
Đ  Á  M  M  Â  Y  D  I  C  Ư  I  R  I  N  C  C
N  C  B  O  G  Y  B  R  A  D  I  R  V  Ư  I  S
H  H  H  Ả  L  B  O  C  K  N  K  O  T  Ớ  V  Ô
I  A  Y  I  O  O  Y  L  I  P  T  V  N  C  Ị  N
Ễ  M  R  Y  M  T  G  L  T  G  B  I  K  U  N  G
T  I  Ô  P  O  C  Ồ  B  K  Y  V  H  R  T  H  B
Đ  H  Q  N  G  Q  Á  N  K  H  O  A  H  Ọ  C  Ă
Ộ  C  G  Ả  Đ  T  G  N  C  P  A  D  L  M  Y  N
C  D  R  S  H  Ị  O  R  H  O  Y  H  O  A  D  G
R  Q  K  G  C  D  A  Ị  Đ  C  Ụ  L  À  N  U  Q
O  Ả  Đ  N  Á  B  H  L  I  K  Ụ  Q  I  L  Q  I
C  B  T  Á  R  A  R  Y  Ý  L  N  T  L  V  C  C
K  K  P  O  Đ  Ị  A  H  Ì  N  H  G  Y  I  T  T
Y  I  H  H  B  P  K  T  C  A  B  Y  R  C  O  I
U  M  C  K  M  Ô  I  T  R  Ư  Ờ  N  G  L  O  L
Y  O  A  P  B  I  Đ  Ả  O  B  Ă  N  G  P  O  T
```

NƯỚC

VỊNH

KHOA HỌC

BẢO TỒN

LỤC ĐỊA

LOÀI

MÔN ĐỊA LÝ

SÔNG BĂNG

BĂNG

ĐẢO

MÔI TRƯỜNG

DI CƯ

KHOÁNG SẢN

ĐÁM MÂY

CHIM

BÁN ĐẢO

CHIM CÁNH CỤT

ROCKY

NHIỆT ĐỘ

ĐỊA HÌNH

97 - Mamíferos

```
D  U  U  Ừ  C  I  À  Đ  C  Ạ  L  O  D  D  P  C
G  D  V  M  Ự  O  K  Ỏ  H  T  M  A  O  O  Á  C
K  Y  H  V  Đ  V  N  A  Ó  B  M  A  A  N  N  U
C  K  Q  G  Ò  Á  K  M  N  O  V  C  G  K  G  R
R  Y  C  A  B  C  I  R  È  G  B  O  G  E  Ự  K
C  D  N  Y  I  U  Ó  O  M  O  A  Q  B  Y  A  I
N  I  V  N  C  V  S  A  L  Ạ  Ự  R  T  N  V  M
T  Y  I  T  G  T  Ó  V  K  P  G  V  O  T  Ằ  C
K  A  O  V  K  B  H  R  H  N  V  V  O  N  D
G  Y  C  O  K  A  C  Y  Ỉ  I  R  R  T  I  H  Q
H  R  P  N  R  A  A  O  H  N  T  M  G  Q  C  Y
I  R  U  D  M  L  K  A  Y  T  V  D  Q  N  B  Y
M  R  H  V  K  I  O  V  N  O  C  Á  H  E  O  C
U  U  G  D  Y  N  B  N  D  G  T  Ộ  Đ  Ỉ  H  K
H  Ư  Ơ  U  C  A  O  C  Ổ  Ấ  C  E  A  V  K  Q
Q  V  B  B  M  K  V  B  V  U  V  P  L  M  G  D
```

CÁ VOI	CON MÈO
DONKEY	KHỈ ĐỘT
NGỰA	HƯƠU CAO CỔ
LẠC ĐÀ	CHÓ SÓI
KANGAROO	KHỈ
NGỰA VẰN	GẤU
THỎ	CỪU
COYOTE	CHÓ
CÁ HEO	BÒ ĐỰC
CON VOI	CÁO

98 - Boxeo

```
D R M C T O C Ứ S T Ẽ I K P U K
G I C P Ơ A P Ĩ G I I D G H P D
T R H G Q T Q H S Ê D N Ă Ụ Y C
R A Ấ U R Y H B I U A M N C R P
Ọ M N B S D P Ể Á Đ Ấ L G H R A
N H T M V Ứ Ủ H T I Ố Đ T Ồ A M
G T H U T L C Y U Ể T D A I V T
T G Ư D B Y A M U M N M Y O P H
À P Ơ K H V R M Ạ U G B P C I K
I R N P D O K G G N Ừ H T Y Â D
N L G G Ó C G K Q H T B V C P
N Ắ M T A Y H Q U Q C C H T H U
G V K P G Y N M G U Q D T A Đ A
K H U Ủ U T A Y L R L C U L I G
V Q Q P P B H K N T A L H Q Ể Q
C H U Ô N G N Ă N Ỹ K C Ằ M M V
```

TRỌNG TÀI	GĂNG TAY
CẰM	KỸ NĂNG
CHUÔNG	CHẤN THƯƠNG
TIÊU ĐIỂM	ĐẤU SĨ
KHUỶU TAY	ĐỐI THỦ
DÂY THỪNG	ĐÁ
CƠ THỂ	ĐIỂM
GÓC	NẮM TAY
KIỆT SỨC	NHANH
SỨC MẠNH	PHỤC HỒI

99 - Abejas

```
C  Á  N  H  C  T  R  N  A  A  M  L  D  O  O  R
C  O  H  N  Ô  R  M  P  Q  O  V  Ậ  D  V  U  A
T  Â  M  Ữ  N  Á  B  P  U  U  G  D  T  A  N  I
H  M  Y  H  T  I  Ợ  L  Ó  C  L  A  K  O  U  B
Ứ  Ặ  U  O  R  C  P  H  Ấ  N  H  O  A  H  N  O
C  T  T  À  Ù  Â  U  R  M  M  T  A  Q  G  Ờ  G
Ă  T  V  N  N  Y  E  V  I  H  Q  G  U  M  Ư  N
N  R  R  G  G  I  M  A  Á  D  B  M  C  H  V  Ạ
C  Ờ  R  Q  Y  L  B  G  H  U  D  N  I  Ọ  Q  D
I  I  G  N  G  K  G  S  T  P  Y  C  Q  P  C  A
U  L  T  C  R  T  B  Á  H  H  Y  P  D  L  P  Đ
C  Q  M  R  K  T  B  P  N  B  Ụ  A  D  Ạ  K  D
U  P  N  C  T  M  K  A  I  I  Q  P  C  I  H  T
I  C  K  I  P  R  H  G  S  V  G  V  H  Q  Ó  N
P  O  D  D  N  U  T  K  Ẽ  D  O  C  T  Ấ  I  O
Q  R  I  H  M  P  Q  A  H  Y  T  Q  L  P  N  M
```

CÁNH	KHÓI
CÓ LỢI	CÔN TRÙNG
SÁP	VƯỜN
HIVE	MẬT ONG
THỨC ĂN	CÂY
ĐA DẠNG	PHẤN HOA
HỆ SINH THÁI	THỤ PHẤN
HỌP LẠI	NỮ HOÀNG
HOA	MẶT TRỜI
TRÁI CÂY	

100 - Psicología

```
S  C  Ú  X  M  Ả  C  Ứ  H  T  N  Ậ  H  N  U  T
U  Á  T  H  Ờ  I  T  H  Ơ  Ấ  U  A  B  H  I  T
Y  T  Ộ  G  I  Ấ  C  M  Ơ  N  B  C  R  V  P  U
N  Í  Đ  R  Q  V  K  H  P  Q  P  Q  R  N  A  A
G  N  G  N  Ở  Ư  T  Ý  M  L  M  P  H  H  D  H
H  H  N  Ỉ  T  T  Ấ  B  L  Â  M  S  À  N  G  T
Ĩ  R  U  Đ  G  V  C  G  K  B  Ẽ  C  G  T  O  N
I  V  X  C  Á  I  G  M  Ả  C  I  U  T  A  D  G
H  U  V  R  B  N  T  I  U  N  H  Ộ  H  L  D  U
M  R  Ấ  M  U  T  H  U  G  U  G  C  Ự  R  Y  B
L  K  N  T  D  G  T  G  V  M  N  H  C  D  A  U
L  Q  Đ  I  M  C  H  Q  I  B  H  Ẹ  T  R  L  I
Q  M  Ề  C  Á  I  T  Ô  I  Á  N  N  Ế  A  A  K
H  À  N  H  V  I  O  Y  M  G  I  R  C  M  Y  Y
T  I  Ề  M  T  H  Ứ  C  V  M  K  N  R  U  C  H
T  R  Ị  L  I  Ệ  U  D  A  D  M  O  A  C  G  V
```

CUỘC HẸN	BẤT TỈNH
LÂM SÀNG	THỜI THƠ ẤU
NHẬN THỨC	SUY NGHĨ
HÀNH VI	CÁ TÍNH
XUNG ĐỘT	VẤN ĐỀ
CÁI TÔI	THỰC TẾ
CẢM XÚC	CẢM GIÁC
ĐÁNH GIÁ	TIỀM THỨC
KINH NGHIỆM	GIẤC MƠ
Ý TƯỞNG	TRỊ LIỆU

1 - Ajedrez

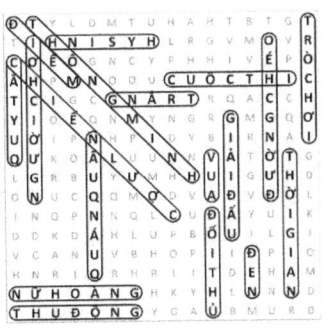

2 - Agua

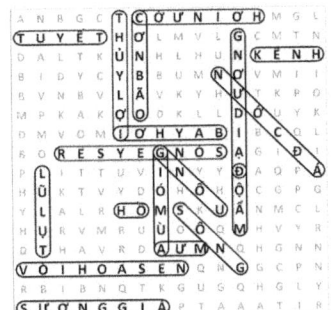

3 - Arqueología

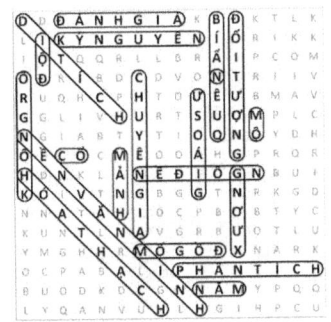

4 - Granja #2

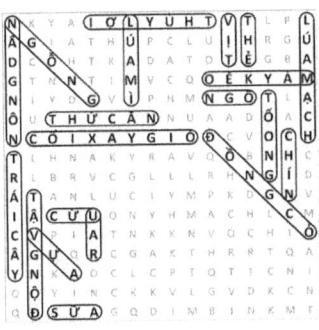

5 - La Empresa

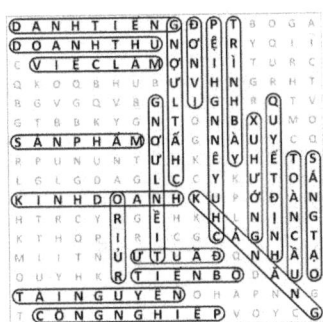

6 - Pesca

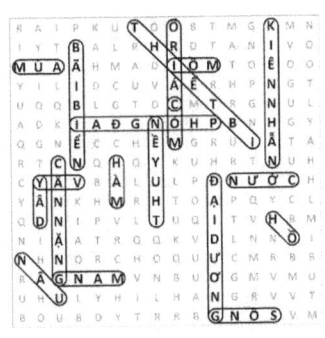

7 - Aviones

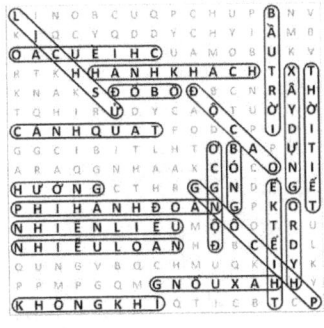

8 - Tipos de Cabello

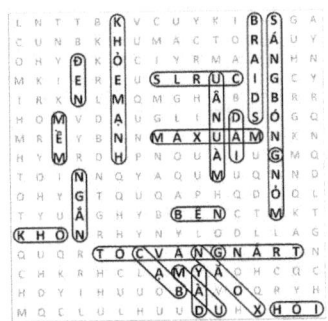

9 - Ciencia Ficción

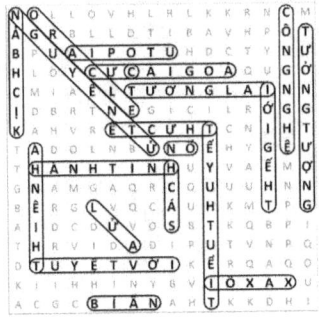

10 - Granja #1

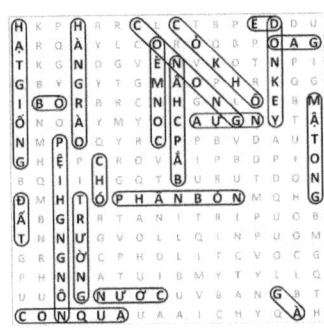

11 - Camping

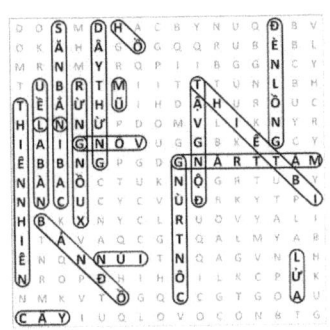

12 - Fruta

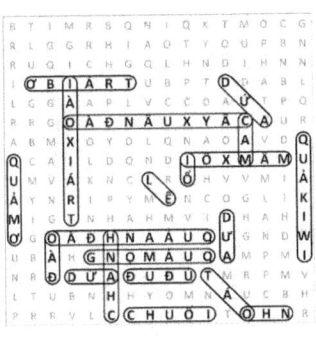

13 - Geología

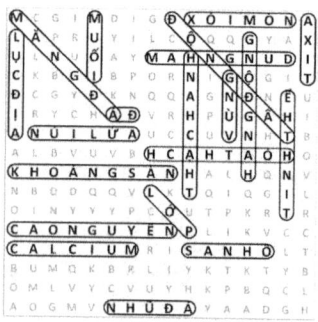

14 - Álgebra

15 - Plantas

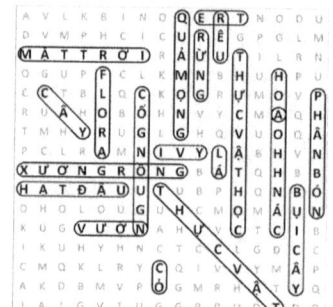

16 - Suministros de Arte

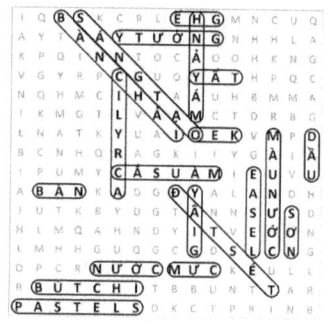

17 - Negocio

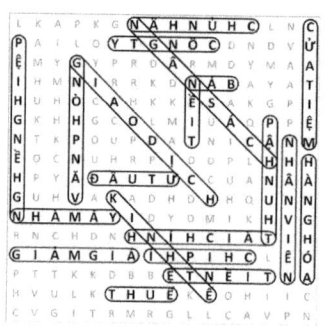

18 - Jardín

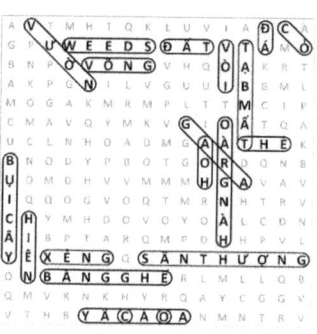

19 - Países #2

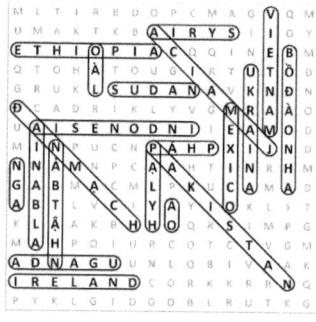

20 - Tecnología

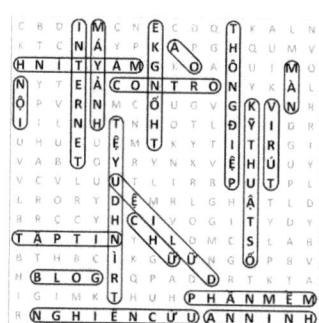

21 - Números

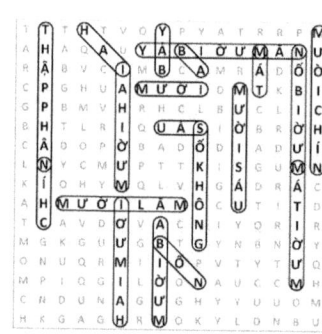

22 - Física

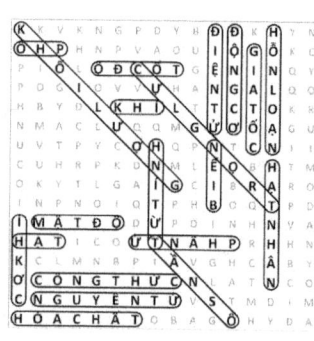

23 - Belleza

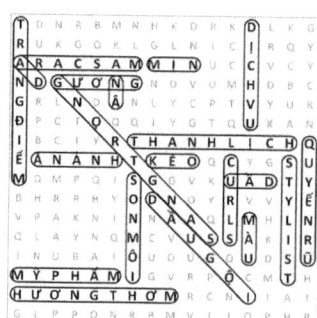

24 - Países #1

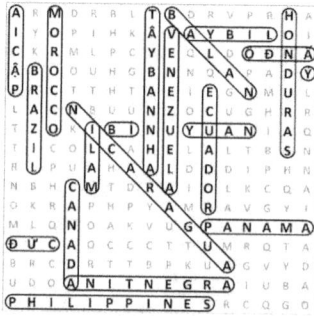

25 - Mitología

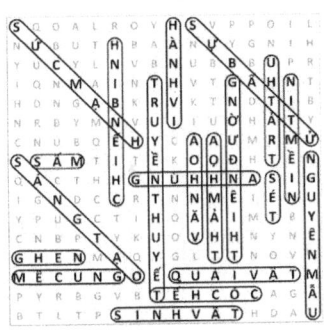

26 - Ecología

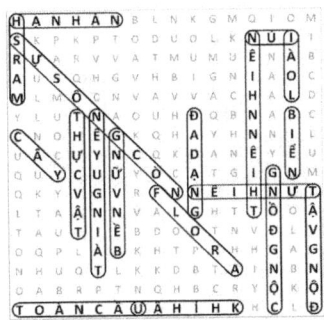

27 - Casa

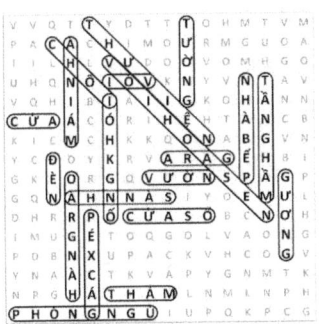

28 - Artes Visuales

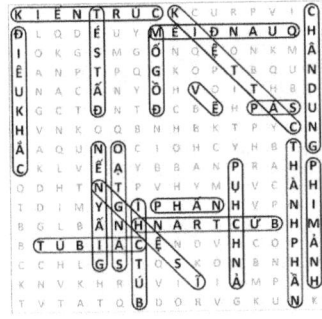

29 - Salud y Bienestar #2

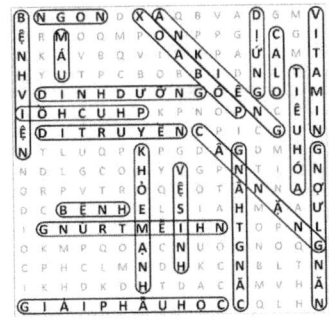

30 - Adjetivos #1

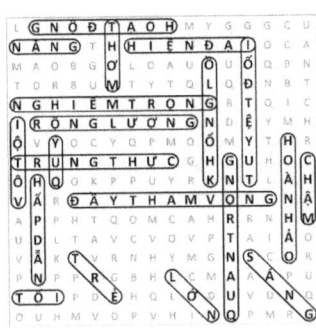

31 - Disciplinas Científicas

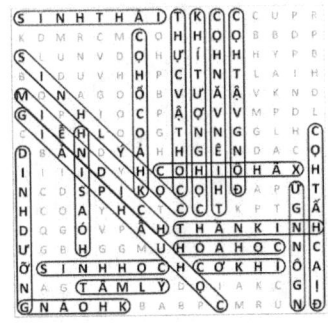

32 - Moda

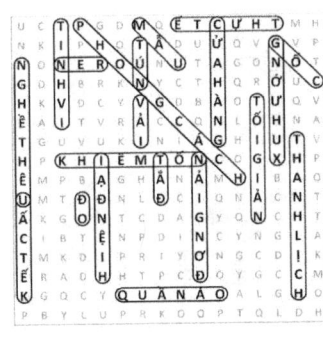

33 - Electricidad

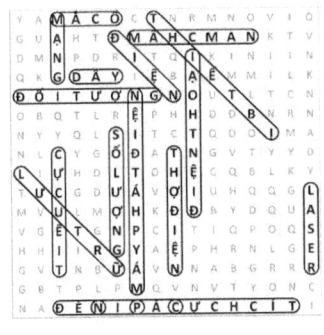

34 - Salud y Bienestar #1

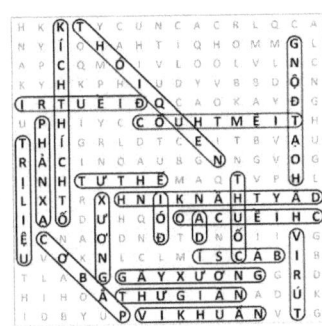

35 - Adjetivos #2

36 - Cuerpo Humano

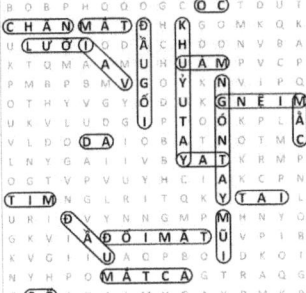

37 - Calentamiento Gl

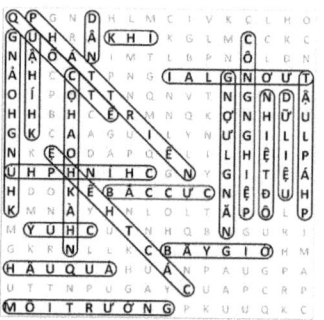

38 - Ciencia

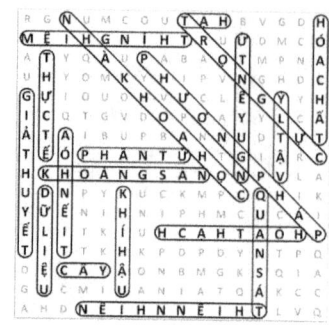

39 - Restaurante #2

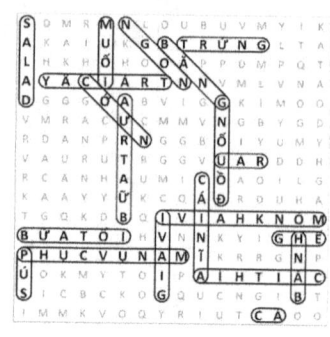

40 - Profesiones #1

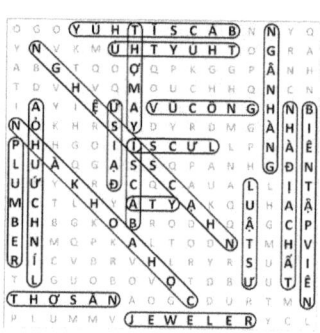

41 - Vehículos

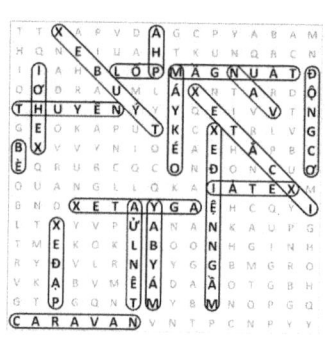

42 - Geometría

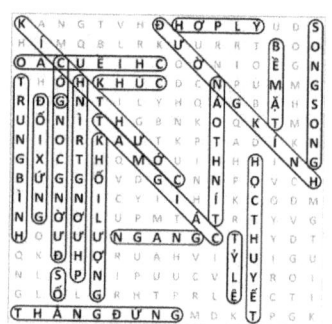

43 - Vacaciones #2

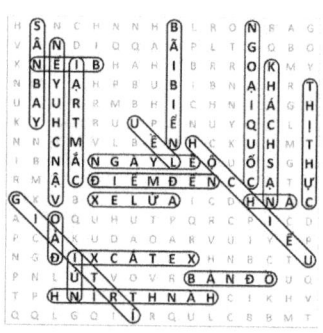

44 - Baile

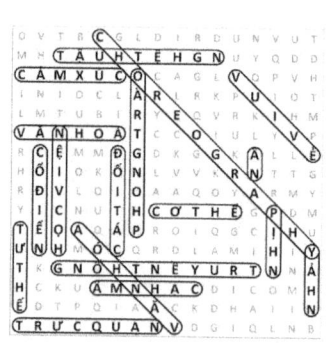

45 - Matemáticas

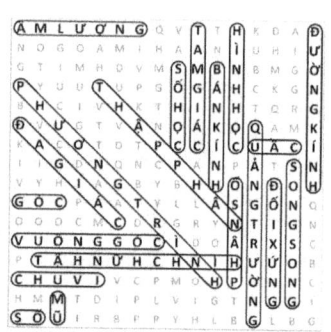

46 - Senderismo

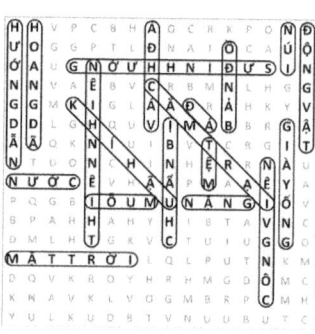

47 - Naturaleza

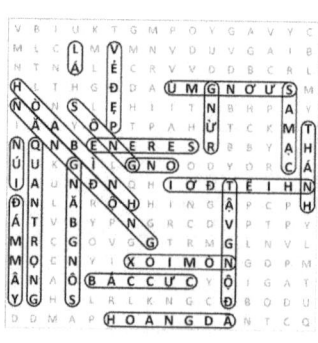

48 - Conduciendo

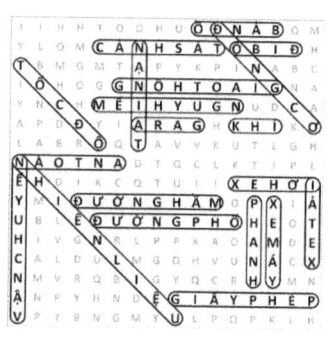

49 - Fuerza y Gravedad

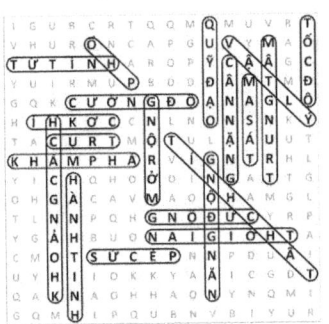

50 - Pájaros

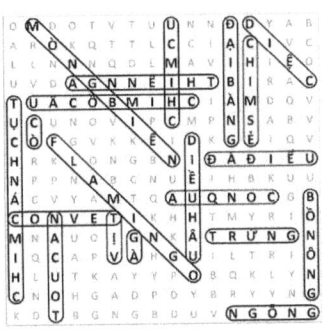

51 - Geografía

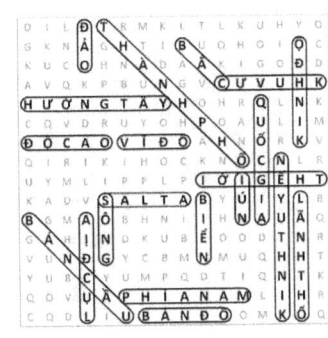

52 - Música

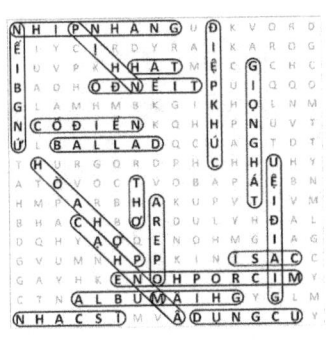

53 - Enfermedad

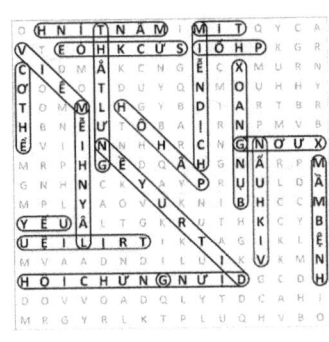

54 - Actividades

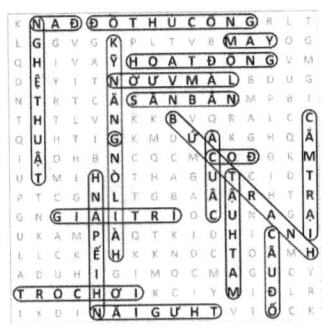

55 - Verduras

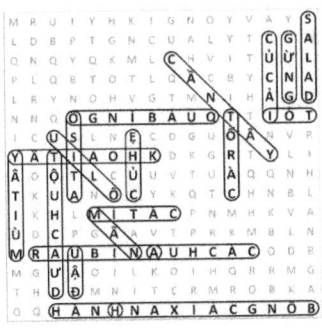

56 - Instrumentos Musicales

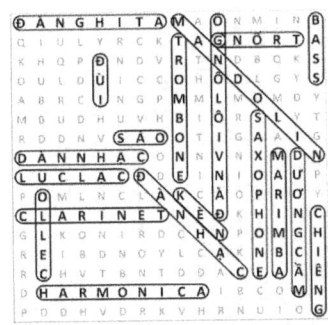

57 - Formas

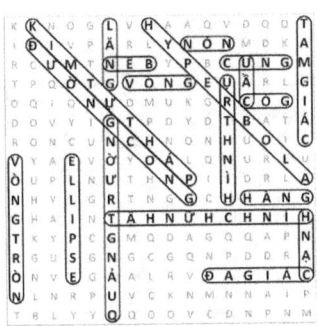

58 - Flores

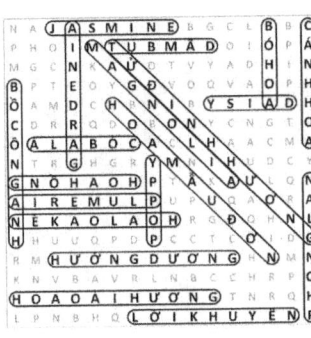

59 - Astronomía

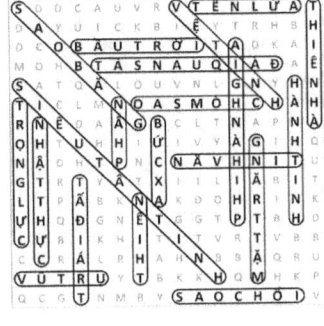

60 - Tiempo

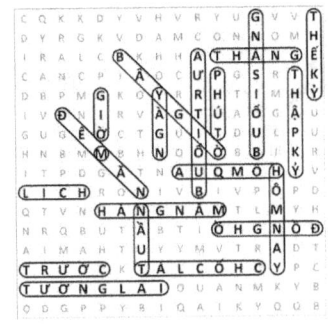

61 - Paisajes

62 - Días y Meses

63 - Biología

64 - Chocolate

65 - Barbacoas

66 - Ropa

67 - Meditación

68 - Café

69 - Libros

70 - Los Medios de Comunicación

71 - Nutrición

72 - Edificios

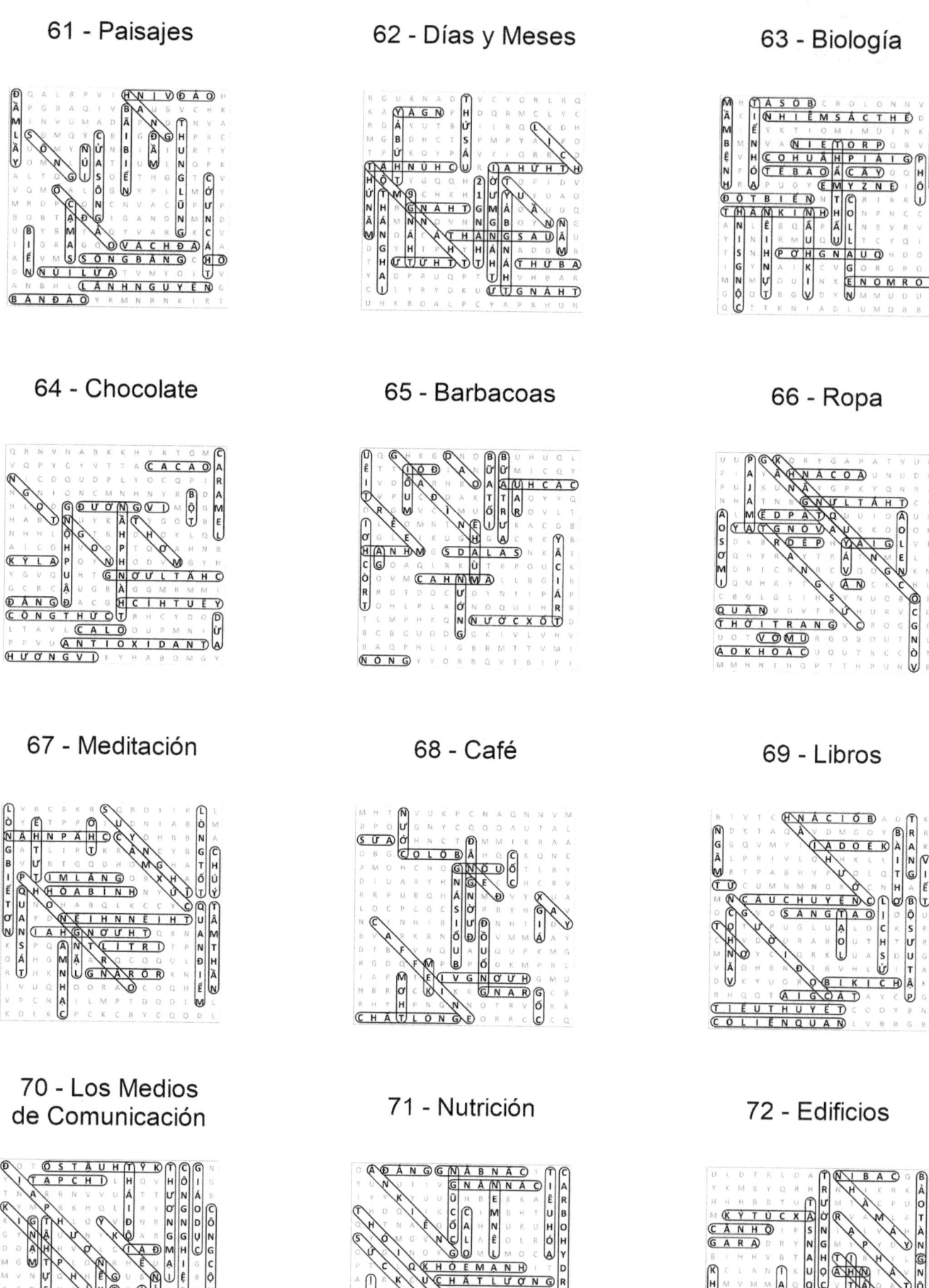

73 - Océano

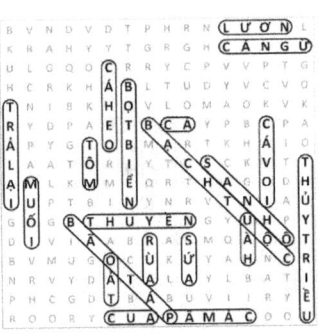

74 - Agronomía

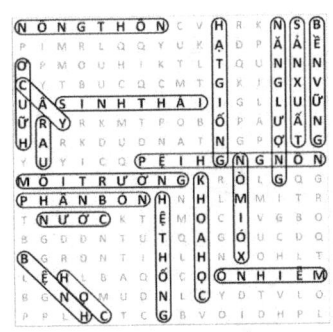

75 - Actividades y Ocio

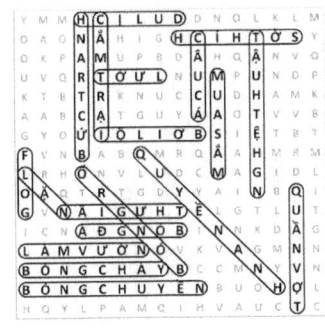

76 - Ingeniería

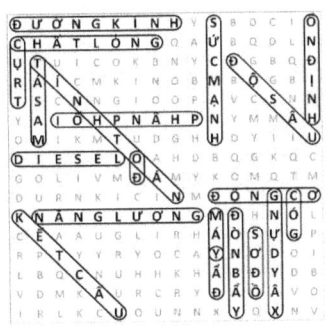

77 - Comida #1

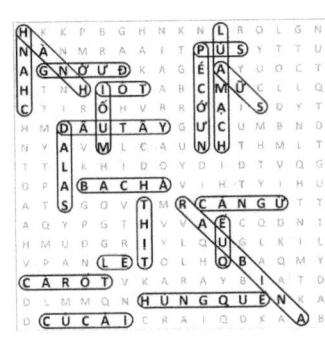

78 - Virtudes #1

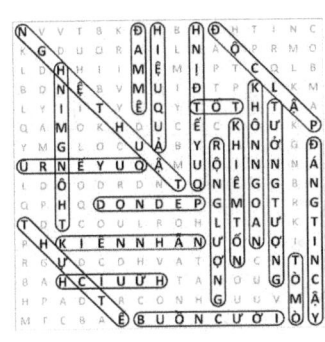

79 - Antigüedades

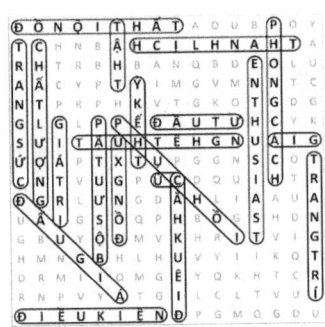

80 - Literatura

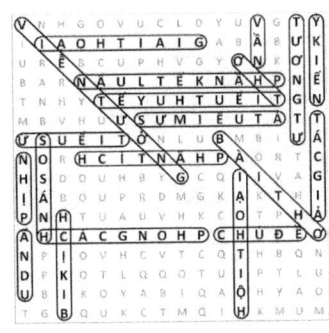

81 - Química

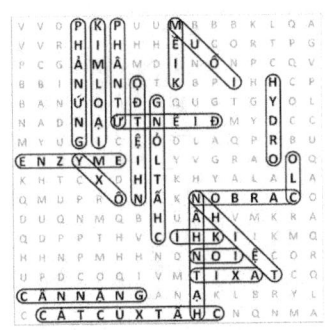

82 - Gobierno

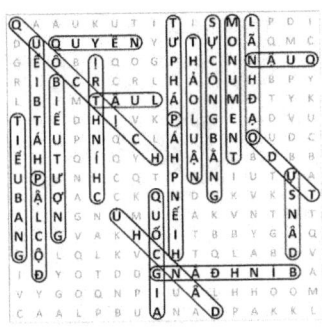

83 - Creatividad

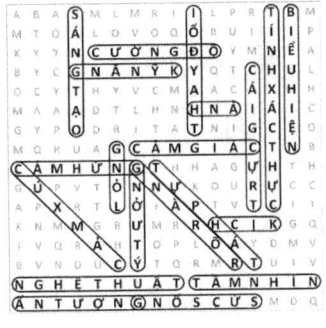

84 - Filantropía

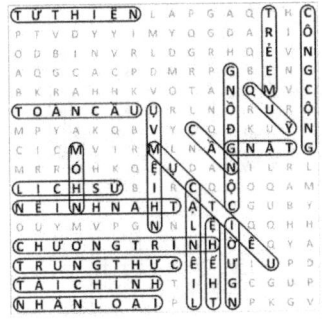

85 - Clima

86 - Comida #2

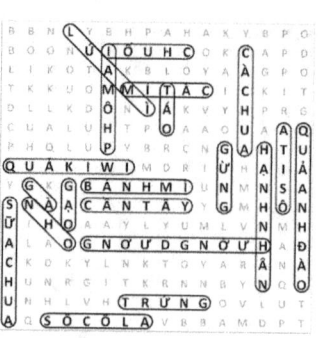

87 - Diplomacia

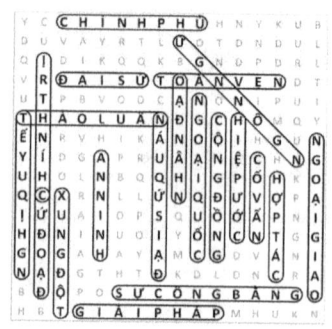

88 - Herboristería

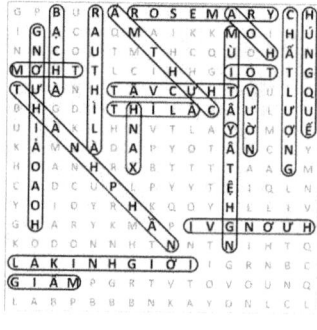

89 - Energía

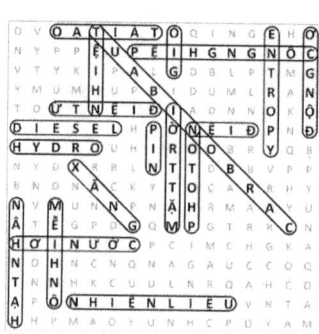

90 - Insectos

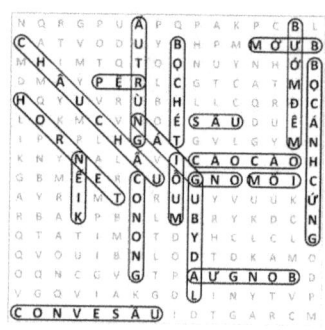

91 - Especias

92 - Emociones

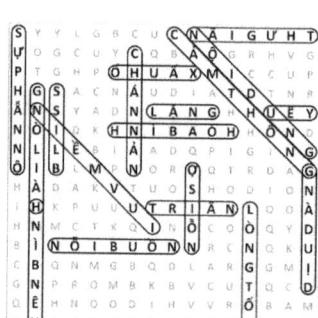

93 - Jazz

94 - Mediciones

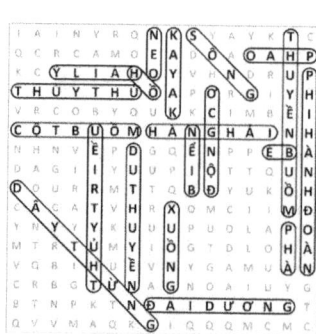

95 - Barcos

96 - Antártida

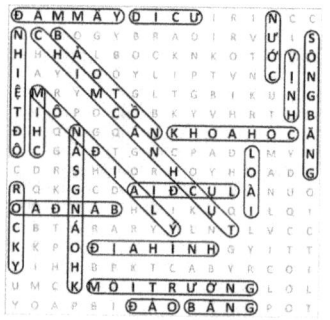

97 - Mamíferos

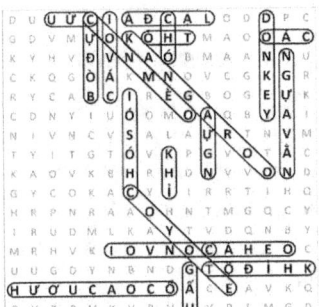

98 - Boxeo

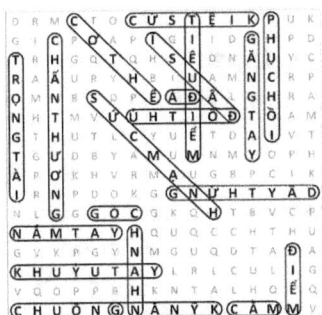

99 - Abejas

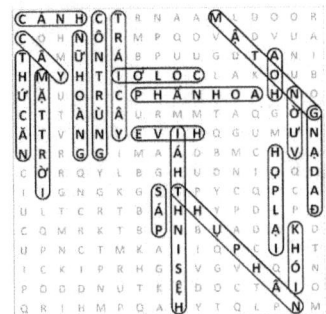

100 - Psicología

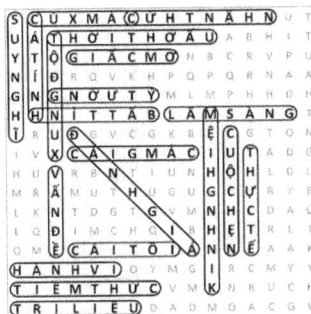

Diccionario

Abejas
Những con Ong

Alas	Cánh
Beneficioso	Có Lợi
Cera	Sáp
Colmena	Hive
Comida	Thức Ăn
Diversidad	Đa Dạng
Ecosistema	Hệ Sinh Thái
Enjambre	Họp Lại
Flores	Hoa
Fruta	Trái Cây
Humo	Khói
Insecto	Côn Trùng
Jardín	Vườn
Miel	Mật Ong
Plantas	Cây
Polen	Phấn Hoa
Polinizador	Thụ Phấn
Reina	Nữ Hoàng
Sol	Mặt Trời

Actividades
Các Hoạt Động

Actividad	Hoạt Động
Arte	Nghệ Thuật
Artesanía	Đồ thủ Công
Camping	Cắm Trại
Caza	Săn Bắn
Costura	May
Fotografía	Nhiếp Ảnh
Habilidad	Kỹ Năng
Jardinería	Làm Vườn
Juegos	Trò Chơi
Lectura	Đọc
Magia	Ma Thuật
Ocio	Giải Trí
Pesca	Câu Cá
Pintura	Bức Tranh
Placer	Hài Lòng
Relajación	Thư Giãn
Rompecabezas	Câu Đố
Tejer	Đan

Actividades y Ocio
Và các Hoạt Động Giải Trí

Aficiones	Sở Thích
Arte	Nghệ Thuật
Baloncesto	Bóng Rổ
Béisbol	Bóng Chày
Boxeo	Quyền Anh
Buceo	Lặn
Camping	Cắm Trại
Compras	Mua Sắm
Fútbol	Bóng Đá
Golf	Golf
Jardinería	Làm Vườn
Natación	Bơi Lội
Pesca	Câu Cá
Pintura	Bức Tranh
Relajante	Thư Giãn
Surf	Lướt
Tenis	Quần Vợt
Viaje	Du Lịch
Voleibol	Bóng Chuyền

Adjetivos #1
Tính từ số 1

Absoluto	Tuyệt Đối
Activo	Hoạt Động
Ambicioso	Đầy Tham Vọng
Aromático	Thơm
Atractivo	Hấp Dẫn
Brillante	Sáng
Enorme	Khổng Lồ
Generoso	Rộng Lượng
Grande	Lớn
Honesto	Trung Thực
Importante	Quan Trọng
Inocente	Vô Tội
Joven	Trẻ
Lento	Chậm
Moderno	Hiện Đại
Oscuro	Tối
Perfecto	Hoàn Hảo
Pesado	Nặng
Serio	Nghiêm Trọng
Valioso	Quý

Adjetivos #2
Tính từ số 2

Cansado	Mệt
Comestible	Ăn Được
Creativo	Sáng Tạo
Descriptivo	Mô Tả
Dramático	Kịch
Dulce	Ngọt
Elegante	Thanh Lịch
Famoso	Nổi Danh
Fresco	Tươi
Fuerte	Mạnh
Interesante	Thú Vị
Natural	Tự Nhiên
Normal	Bình Thường
Nuevo	Mới
Orgulloso	Tự Hào
Picante	Cay
Productivo	Màu Mỡ
Salado	Mặn
Saludable	Khỏe Mạnh
Seco	Khô

Agronomía
Nông Học

Agricultura	Nông Nghiệp
Agua	Nước
Ciencia	Khoa Học
Contaminación	Ô Nhiễm
Crecimiento	Sự Phát Triển
Ecología	Sinh Thái
Energía	Năng Lượng
Enfermedades	Bệnh
Erosión	Xói Mòn
Estudio	Học
Fertilizante	Phân Bón
Medio Ambiente	Môi Trường
Orgánico	Hữu Cơ
Plantas	Cây
Producción	Sản Xuất
Rural	Nông Thôn
Semillas	Hạt Giống
Sistemas	Hệ Thống
Sostenible	Bền Vững
Verduras	Rau

Agua
Nước

Canal	Kênh
Ducha	Vòi hoa Sen
Evaporación	Bay Hơi
Géiser	Geyser
Helada	Sương Giá
Hielo	Nước Đá
Humedad	Độ Ẩm
Huracán	Cơn Bão
Inundación	Lũ Lụt
Lago	Hồ
Lluvia	Mưa
Monzón	Gió Mùa
Nieve	Tuyết
Océano	Đại Dương
Olas	Sóng
Potable	Uống
Riego	Thủy Lợi
Río	Sông
Vapor	Hơi Nước

Ajedrez
Cờ Vua

Blanco	Trắng
Campeón	Quán Quân
Concurso	Cuộc Thi
Diagonal	Đường Chéo
Estrategia	Chiến Lược
Inteligente	Thông Minh
Juego	Trò Chơi
Jugador	Người Chơi
Negro	Đen
Oponente	Đối Thủ
Pasivo	Thụ Động
Puntos	Điểm
Reglas	Quy Tắc
Reina	Nữ Hoàng
Rey	Vua
Sacrificio	Hy Sinh
Tiempo	Thời Gian
Torneo	Giải Đấu

Antártida
Nam Cực

Agua	Nước
Bahía	Vịnh
Científico	Khoa Học
Conservación	Bảo Tồn
Continente	Lục Địa
Especie	Loài
Geografía	Môn địa Lý
Glaciares	Sông Băng
Hielo	Băng
Islas	Đảo
Medio Ambiente	Môi Trường
Migración	Di Cư
Minerales	Khoáng Sản
Nubes	Đám Mây
Pájaros	Chim
Península	Bán Đảo
Pingüinos	Chim Cánh Cụt
Rocoso	Rocky
Temperatura	Nhiệt Độ
Topografía	Địa Hình

Antigüedades
Đồ Cổ

Arte	Nghệ Thuật
Auténtico	Thật
Calidad	Chất Lượng
Condición	Điều Kiện
Decorativo	Trang Trí
Elegante	Thanh Lịch
Entusiasta	Enthusiast
Escultura	Điêu Khắc
Estilo	Phong Cách
Galería	Bộ sưu Tập
Inversión	Đầu Tư
Joyas	Trang Sức
Monedas	Đồng Xu
Mueble	Đồ nội Thất
Precio	Giá
Restauración	Phục Hồi
Siglo	Thế Kỷ
Subasta	Đấu Giá
Valor	Giá Trị
Viejo	Cũ

Arqueología
Khảo cổ Học

Análisis	Phân Tích
Antiguo	Cổ
Años	Năm
Cerámica	Đồ Gốm
Civilización	Nền văn Minh
Desconocido	Không Rõ
Equipo	Đội
Era	Kỷ Nguyên
Evaluación	Đánh Giá
Experto	Chuyên Gia
Fósil	Hóa Thạch
Fragmentos	Mảnh
Huesos	Xương
Misterio	Bí Ẩn
Objetos	Đối Tượng
Olvidado	Quên
Profesor	Giáo Sư
Reliquia	Di Tích
Templo	Ngôi Đền
Tumba	Mộ

Artes Visuales
Nghệ Thuật thị Giác

Arcilla	Đất Sét
Arquitectura	Kiến Trúc
Artista	Nghệ Sĩ
Caballete	Vẽ
Cera	Sáp
Cerámica	Đồ Gốm
Composición	Thành Phần
Creatividad	Sáng Tạo
Escultura	Điêu Khắc
Fotografía	Ảnh Chụp
Lápiz	Bút Chì
Obra Maestra	Kiệt Tác
Película	Phim Ảnh
Perspectiva	Quan Điểm
Pintura	Bức Tranh
Plantilla	Giấy Nến
Pluma	Cái Bút
Retrato	Chân Dung
Tiza	Phấn

Astronomía
Thiên văn Học

Astronauta	Phi Hành Gia
Celestial	Thiên
Cielo	Bầu Trời
Cohete	Tên Lửa
Cometa	Sao Chổi
Constelación	Chòm Sao
Cosmos	Vũ Trụ
Eclipse	Nhật Thực
Equinoccio	Phân
Galaxia	Thiên Hà
Gravedad	Trọng Lực
Luna	Mặt Trăng
Meteoro	Sao Băng
Nebulosa	Tinh Vân
Observatorio	Đài Quan Sát
Planeta	Hành Tinh
Radiación	Bức Xạ
Satélite	Vệ Tinh
Supernova	Siêu tân Tinh
Tierra	Trái Đất

Aviones
Máy Bay

Aire	Không Khí
Altitud	Độ Cao
Altura	Chiều Cao
Aterrizaje	Đổ Bộ
Cielo	Bầu Trời
Clima	Thời Tiết
Combustible	Nhiên Liệu
Construcción	Xây Dựng
Descenso	Hạ Xuống
Dirección	Hướng
Diseño	Thiết Kế
Globo	Bóng
Hélices	Cánh Quạt
Hidrógeno	Hydro
Historia	Lịch Sử
Motor	Động Cơ
Pasajero	Hành Khách
Piloto	Phi Công
Tripulación	Phi Hành Đoàn
Turbulencia	Nhiễu Loạn

Álgebra
Đại số Học

Cantidad	Số Lượng
Cero	Số Không
Diagrama	Sơ Đồ
Ecuación	Phương Trình
Exponente	Mũ
Factor	Tố
Falso	Sai
Fórmula	Công Thức
Fracción	Phân Số
Infinito	Vô Hạn
Lineal	Tuyến Tính
Matriz	Ma Trận
Número	Số
Paréntesis	Ngoặc
Problema	Vấn Đề
Resolver	Giải Quyết
Resta	Phép Trừ
Simplificar	Đơn Giản Hóa
Solución	Giải Pháp
Variable	Biến

Baile
Nhảy

Academia	Học Viện
Alegre	Vui Vẻ
Arte	Nghệ Thuật
Clásico	Cổ Điển
Coreografía	Choreography
Cuerpo	Cơ Thể
Cultura	Văn Hoá
Cultural	Văn Hóa
Emoción	Cảm Xúc
Gracia	Ân
Movimiento	Phong Trào
Música	Âm Nhạc
Postura	Tư Thế
Ritmo	Nhịp
Saltar	Nhảy
Socio	Đối Tác
Tradicional	Truyền Thống
Visual	Trực Quan

Barbacoas
Ăn Thịt Nướng

Almuerzo	Bữa Trưa
Caliente	Nóng
Cebollas	Hành
Cena	Bữa Tối
Cuchillos	Dao
Ensaladas	Salads
Familia	Gia Đình
Fruta	Trái Cây
Hambre	Đói
Juegos	Trò Chơi
Música	Âm Nhạc
Niños	Trẻ Em
Parrilla	Nướng
Pimienta	Tiêu
Pollo	Gà
Sal	Muối
Salsa	Nước Xốt
Tomates	Cà Chua
Verano	Mùa Hè
Verduras	Rau

Barcos
Thuyền

Ancla	Neo
Balsa	Bè
Boya	Phao
Canoa	Xuồng
Cuerda	Dây Thừng
Ferry	Phà
Kayak	Kayak
Lago	Hồ
Mar	Biển
Marea	Thủy Triều
Marinero	Thủy Thủ
Marítimo	Hàng Hải
Mástil	Cột Buồm
Motor	Động Cơ
Náutico	Hải Lý
Océano	Đại Dương
Río	Sông
Tripulación	Phi Hành Đoàn
Velero	Thuyền Buồm
Yate	Du Thuyền

Belleza
Sắc Đẹp

Aceites	Dầu
Champú	Dầu Gội
Color	Màu
Cosméticos	Mỹ Phẩm
Elegancia	Sang Trọng
Elegante	Thanh Lịch
Encanto	Quyến Rũ
Espejo	Gương
Estilista	Stylist
Fotogénico	Ăn Ảnh
Fragancia	Hương Thơm
Gracia	Ân
Maquillaje	Trang Điểm
Piel	Da
Pintalabios	Son Môi
Rizos	Curls
Rímel	Mascara
Servicios	Dịch Vụ
Suave	Mịn
Tijeras	Kéo

Biología
Sinh Học

Anatomía	Giải Phẫu Học
Bacterias	Vi Khuẩn
Celda	Tế Bào
Colágeno	Collagen
Cromosoma	Nhiễm sắc Thể
Embrión	Phôi
Enzima	Enzyme
Evolución	Tiến Hóa
Fotosíntesis	Quang Hợp
Hormona	Hormone
Mutación	Đột Biến
Natural	Tự Nhiên
Nervio	Thần Kinh
Ósmosis	Thẩm Thấu
Patógeno	Mầm Bệnh
Plantas	Cây
Proteína	Protein
Reptil	Bò Sát
Respiración	Hô Hấp
Simbiosis	Cộng Sinh

Boxeo
Quyền Anh

Árbitro	Trọng Tài
Barbilla	Cằm
Campana	Chuông
Centrar	Tiêu Điểm
Codo	Khuỷu Tay
Cuerdas	Dây Thừng
Cuerpo	Cơ Thể
Esquina	Góc
Exhausto	Kiệt Sức
Fuerza	Sức Mạnh
Guantes	Găng Tay
Habilidad	Kỹ Năng
Lesiones	Chấn Thương
Luchador	Đấu Sĩ
Oponente	Đối Thủ
Patear	Đá
Puntos	Điểm
Puño	Nắm Tay
Rápido	Nhanh
Recuperación	Phục Hồi

Café
Cà Phê

Agua	Nước
Amargo	Đắng
Aroma	Thơm
Asado	Rang
Azúcar	Đường
Beber	Uống
Bebida	Đồ Uống
Cafeína	Caffeine
Crema	Kem
Filtro	Bộ Lọc
Leche	Sữa
Líquido	Chất Lỏng
Mañana	Buổi Sáng
Moler	Xay
Negro	Đen
Origen	Gốc
Precio	Giá
Sabor	Hương Vị
Taza	Cốc

Calentamiento Global
Sự Nóng lên Toàn Cầu

Ahora	Bây Giờ
Ambiental	Môi Trường
Atención	Chú Ý
Ártico	Bắc Cực
Científico	Nhà Khoa Học
Clima	Khí Hậu
Consecuencias	Hậu Quả
Crisis	Khủng Hoảng
Datos	Dữ Liệu
Desarrollo	Phát Triển
Energía	Năng Lượng
Futuro	Tương Lai
Gas	Khí
Generaciones	Các thế Hệ
Gobierno	Chính Phủ
Industria	Công Nghiệp
Internacional	Quốc Tế
Legislación	Pháp Luật
Poblaciones	Dân
Temperaturas	Nhiệt Độ

Camping
Cắm Trại

Animales	Động Vật
Árboles	Cây
Bosque	Rừng
Brújula	La Bàn
Cabina	Cabin
Canoa	Xuồng
Carpa	Lều
Caza	Săn Bắn
Cuerda	Dây Thừng
Equipo	Thiết Bị
Fuego	Lửa
Hamaca	Võng
Insecto	Côn Trùng
Lago	Hồ
Linterna	Đèn Lồng
Luna	Mặt Trăng
Mapa	Bản Đồ
Montaña	Núi
Naturaleza	Thiên Nhiên
Sombrero	Mũ

Casa
Nhà Ở

Alfombra	Thảm
Ático	Gác Xép
Biblioteca	Thư Viện
Chimenea	Ống Khói
Cocina	Nhà Bếp
Dormitorio	Phòng Ngủ
Ducha	Vòi hoa Sen
Escoba	Chổi
Espejo	Gương
Garaje	Ga-Ra
Grifo	Vòi
Jardín	Vườn
Lámpara	Đèn
Pared	Tường
Piso	Sàn Nhà
Puerta	Cửa
Sótano	Tầng Hầm
Techo	Mái Nhà
Valla	Hàng Rào
Ventana	Cửa Sổ

Chocolate
Sô-Cô-La

Amargo	Đắng
Antioxidante	Antioxidant
Aroma	Thơm
Azúcar	Đường
Cacahuetes	Đậu Phộng
Cacao	Cacao
Calidad	Chất Lượng
Calorías	Calo
Caramelo	Caramel
Coco	Dừa
Delicioso	Ngon
Dulce	Ngọt
Exótico	Kỳ Lạ
Favorito	Yêu Thích
Gusto	Vị
Ingrediente	Thành Phần
Polvo	Bột
Receta	Công Thức
Sabor	Hương Vị

Ciencia
Khoa Học

Átomo	Nguyên Tử
Científico	Nhà Khoa Học
Clima	Khí Hậu
Datos	Dữ Liệu
Evolución	Tiến Hóa
Experimento	Thí Nghiệm
Física	Vật Lý
Fósil	Hóa Thạch
Gravedad	Trọng Lực
Hecho	Thực Tế
Hipótesis	Giả Thuyết
Método	Phương Pháp
Minerales	Khoáng Sản
Moléculas	Phân Tử
Naturaleza	Thiên Nhiên
Observación	Quan Sát
Partículas	Hạt
Plantas	Cây
Químico	Hóa Chất

Ciencia Ficción
Khoa học Viễn Tưởng

Atómico	Nguyên Tử
Distante	Xa Xôi
Escenario	Kịch Bản
Explosión	Nổ
Extremo	Cực
Fantástico	Tuyệt Vời
Fuego	Lửa
Futurista	Tương Lai
Galaxia	Thiên Hà
Ilusión	Ảo Giác
Imaginario	Tưởng Tượng
Libros	Sách
Misterioso	Bí Ẩn
Mundo	Thế Giới
Novelas	Tiểu Thuyết
Oráculo	Oracle
Planeta	Hành Tinh
Realista	Thực Tế
Tecnología	Công Nghệ
Utopía	Utopia

Clima
Thời Tiết

Arco Iris	Cầu Vồng
Atmósfera	Không Khí
Cielo	Bầu Trời
Clima	Khí Hậu
Hielo	Nước Đá
Huracán	Cơn Bão
Inundación	Lũ Lụt
Monzón	Gió Mùa
Niebla	Sương Mù
Nube	Đám Mây
Polar	Cực
Rayo	Sét
Seco	Khô
Sequía	Hạn Hán
Temperatura	Nhiệt Độ
Tormenta	Bão Táp
Tornado	Lốc Xoáy
Tropical	Nhiệt Đới
Trueno	Sấm Sét
Viento	Gió

Comida #1
Thực Phẩm #1

Ajo	Tỏi
Albahaca	Húng Quế
Atún	Cá Ngừ
Azúcar	Đường
Canela	Quế
Carne	Thịt
Cebada	Lúa Mạch
Cebolla	Hành
Ensalada	Salad
Espinacas	Rau Bina
Fresa	Dâu Tây
Jugo	Nước Ép
Leche	Sữa
Limón	Chanh
Menta	Bạc Hà
Nabo	Củ Cải
Pera	Lê
Sal	Muối
Sopa	Súp
Zanahoria	Cà Rốt

Comida #2
Thực Phẩm #2

Alcachofa	Atisô
Almendra	Hạnh Nhân
Apio	Cần Tây
Arroz	Gạo
Berenjena	Cà Tím
Cereza	Quả anh Đào
Chocolate	Sô cô La
Girasol	Hướng Dương
Huevo	Trứng
Jengibre	Gừng
Kiwi	Quả Kiwi
Manzana	Táo
Pan	Bánh Mì
Plátano	Chuối
Pollo	Gà
Queso	Phô Mai
Tomate	Cà Chua
Trigo	Lúa Mì
Uva	Nho
Yogur	Sữa Chua

Conduciendo
Điều Khiển

Accidente	Tai Nạn
Calle	Đường Phố
Camión	Xe Tải
Coche	Xe Hơi
Combustible	Nhiên Liệu
Frenos	Phanh
Garaje	Ga-Ra
Gas	Khí
Licencia	Giấy Phép
Mapa	Bản Đồ
Motocicleta	Xe Máy
Motor	Động Cơ
Peatonal	Đi Bộ
Peligro	Nguy Hiểm
Policía	Cảnh Sát
Seguridad	An Toàn
Transporte	Vận Chuyển
Tráfico	Giao Thông
Túnel	Đường Hầm
Velocidad	Tốc Độ

Creatividad
Sự Sáng Tạo

Artístico	Nghệ Thuật
Autenticidad	Tính xác Thực
Cambiando	Thay Đổi
Claridad	Rõ Ràng
Dramático	Kịch
Emociones	Cảm Xúc
Espontáneo	Tự Phát
Expresión	Biểu Hiện
Fluidez	Lỏng
Habilidad	Kỹ Năng
Ideas	Ý Tưởng
Imagen	Ảnh
Impresión	Ấn Tượng
Inspiración	Cảm Hứng
Intensidad	Cường Độ
Intuición	Trực Giác
Inventivo	Sáng Tạo
Sensación	Cảm Giác
Visiones	Tầm Nhìn
Vitalidad	Sức Sống

Cuerpo Humano
Cơ thể con Người

Barbilla	Cằm
Boca	Miệng
Cabeza	Đầu
Cara	Đối Mặt
Cerebro	Óc
Codo	Khuỷu Tay
Corazón	Tim
Cuello	Cổ
Dedo	Ngón Tay
Hombro	Vai
Lengua	Lưỡi
Mano	Tay
Nariz	Mũi
Ojo	Mắt
Oreja	Tai
Piel	Da
Pierna	Chân
Rodilla	Đầu Gối
Sangre	Máu
Tobillo	Mắt Cá

Diplomacia
Ngoại Giao

Asesor	Cố Vấn
Comunidad	Cộng Đồng
Conflicto	Xung Đột
Cooperación	Hợp Tác
Diplomático	Ngoại Giao
Discusión	Thảo Luận
Embajada	Đại sứ Quán
Embajador	Đại Sứ
Extranjero	Ngoại Quốc
Ética	Đạo Đức
Gobierno	Chính Phủ
Humanitario	Nhân Đạo
Idiomas	Ngôn Ngữ
Integridad	Toàn Vẹn
Justicia	Sự Công Bằng
Política	Chính Trị
Resolución	Nghị Quyết
Seguridad	An Ninh
Solución	Giải Pháp
Tratado	Hiệp Ước

Disciplinas Científicas
Các Ngành Khoa Học

Anatomía	Giải Phẫu Học
Arqueología	Khảo cổ Học
Astronomía	Thiên văn Học
Biología	Sinh Học
Bioquímica	Hóa Sinh
Botánica	Thực vật Học
Ecología	Sinh Thái
Fisiología	Sinh lý Học
Geología	Địa Chất Học
Inmunología	Miễn Dịch
Lingüística	Ngôn Ngữ
Mecánica	Cơ Khí
Meteorología	Khí Tượng Học
Mineralogía	Khoáng
Neurología	Thần Kinh
Nutrición	Dinh Dưỡng
Psicología	Tâm Lý
Química	Hóa Học
Sociología	Xã hội Học
Zoología	Động vật Học

Días y Meses
Ngày và Tháng

Abril	Tháng Tư
Agosto	Ngày
Año	Năm
Calendario	Lịch
Diciembre	Tháng 12
Domingo	Chủ Nhật
Enero	Tháng Một
Febrero	Tháng Hai
Jueves	Thứ Năm
Julio	Tháng Bảy
Junio	Tháng Sáu
Lunes	Thứ Hai
Martes	Thứ Ba
Mes	Tháng
Miércoles	Thứ Tư
Octubre	Tháng Mười
Sábado	Thứ Bảy
Semana	Tuần
Septiembre	Tháng 9
Viernes	Thứ Sáu

Ecología
Sinh Thái Học

Clima	Khí Hậu
Comunidades	Cộng Đồng
Diversidad	Đa Dạng
Especie	Loài
Fauna	Động Vật
Flora	Flora
Global	Toàn Cầu
Marino	Biển
Montañas	Núi
Natural	Tự Nhiên
Naturaleza	Thiên Nhiên
Pantano	Marsh
Plantas	Cây
Recursos	Tài Nguyên
Sequía	Hạn Hán
Sostenible	Bền Vững
Supervivencia	Sự Sống Còn
Vegetación	Thực Vật

Edificios
Các tòa Nhà

Albergue	Ký túc Xá
Apartamento	Căn Hộ
Cabina	Cabin
Casa	Nhà
Castillo	Lâu Đài
Embajada	Đại sứ Quán
Escuela	Trường Học
Estadio	Sân vận Động
Fábrica	Nhà Máy
Garaje	Ga-Ra
Granero	Vựa
Granja	Nông Trại
Hospital	Bệnh Viện
Hotel	Khách Sạn
Museo	Bảo Tàng
Observatorio	Đài Quan Sát
Supermercado	Siêu Thị
Teatro	Rạp Hát
Torre	Tháp
Universidad	Đại Học

Electricidad
Điện

Almacenamiento	Lưu Trữ
Batería	Pin
Cable	Cáp
Cables	Dây
Cantidad	Số Lượng
Electricista	Thợ Điện
Eléctrico	Điện
Enchufe	Ổ Cắm
Equipo	Thiết Bị
Generador	Máy Phát Điện
Imán	Nam Châm
Lámpara	Đèn
Láser	Laser
Negativo	Tiêu Cực
Objetos	Đối Tượng
Positivo	Tích Cực
Red	Mạng
Teléfono	Điện Thoại

Emociones
Những cảm Xúc

Aburrimiento	Chán Nản
Agradecido	Tri Ân
Alegría	Niềm Vui
Amor	Yêu
Avergonzado	Xấu Hổ
Beatitud	Bliss
Bondad	Lòng Tốt
Calma	Lặng
Contenido	Nội Dung
Emocionado	Bị Kích Thích
Ira	Sự Phẫn Nộ
Miedo	Nỗi Sợ
Paz	Hòa Bình
Relajado	Thư Giãn
Satisfecho	Hài Lòng
Simpatía	Cảm Thông
Ternura	Dịu Dàng
Tranquilidad	Yên Bình
Tristeza	Nỗi Buồn

Energía
Năng Lượng

Batería	Pin
Calor	Nhiệt
Carbono	Carbon
Combustible	Nhiên Liệu
Contaminación	Ô Nhiễm
Diesel	Diesel
Electrón	Điện Tử
Eléctrico	Điện
Entropía	Entropy
Fotón	Photon
Gasolina	Xăng
Hidrógeno	Hydro
Industria	Công Nghiệp
Motor	Động Cơ
Nuclear	Hạt Nhân
Renovable	Tái Tạo
Sol	Mặt Trời
Turbina	Tua-Bin
Vapor	Hơi Nước
Viento	Gió

Enfermedad
Bệnh

Abdominal	Bụng
Alergias	Dị Ứng
Bacteriano	Vi Khuẩn
Contagioso	Lây Nhiễm
Corazón	Tim
Crónica	Mãn Tính
Cuerpo	Cơ Thể
Débil	Yếu
Hereditario	Di Truyền
Huesos	Xương
Inflamación	Viêm
Inmunidad	Miễn Dịch
Lumbar	Thắt Lưng
Patógenos	Mầm Bệnh
Pulmonar	Phổi
Respiratorio	Hô Hấp
Salud	Sức Khỏe
Seno	Xoang
Síndrome	Hội Chứng
Terapia	Trị Liệu

Especias
Gia Vị

Agrio	Chua
Ajo	Tỏi
Amargo	Đắng
Anís	Cây Hồi
Azafrán	Nghệ Tây
Canela	Quế
Cebolla	Hành
Clavo	Đinh Hương
Comino	Cây thì Là
Curry	Cà Ri
Dulce	Ngọt
Hinojo	Thì Là
Jengibre	Gừng
Nuez Moscada	Nhục đậu Khấu
Pimentón	Ớt cựa Gà
Pimienta	Tiêu
Regaliz	Cam Thảo
Sabor	Hương Vị
Sal	Muối
Vainilla	Vani

Filantropía
Hoạt Động từ Thiện

Caridad	Từ Thiện
Comunidad	Cộng Đồng
Contactos	Liên Lạc
Donar	Tặng
Finanzas	Tài Chính
Fondos	Quỹ
Generosidad	Thế Hệ
Gente	Người
Global	Toàn Cầu
Grupos	Nhóm
Historia	Lịch Sử
Honestidad	Trung Thực
Humanidad	Nhân Loại
Juventud	Thanh Niên
Metas	Mục Tiêu
Misión	Nhiệm Vụ
Necesitar	Cần
Niños	Trẻ Em
Programas	Chương Trình
Público	Công Cộng

Física
Vật Lý

Aceleración	Gia Tốc
Átomo	Nguyên Tử
Caos	Hỗn Loạn
Densidad	Mật Độ
Electrón	Điện Tử
Fórmula	Công Thức
Frecuencia	Tần Số
Gas	Khí
Gravedad	Trọng Lực
Magnetismo	Từ Tính
Masa	Khối Lượng
Mecánica	Cơ Khí
Molécula	Phân Tử
Motor	Động Cơ
Nuclear	Hạt Nhân
Partícula	Hạt
Químico	Hóa Chất
Universal	Phổ
Variable	Biến
Velocidad	Tốc Độ

Flores
Những Bông Hoa

Amapola	Poppy
Diente de León	Bồ Công Anh
Gardenia	Gardenia
Girasol	Hướng Dương
Hibisco	Dâm Bụt
Jazmín	Jasmine
Lavanda	Hoa oải Hương
Lila	Tử Đinh Hương
Lirio	Hoa loa Kèn
Magnolia	Magnolia
Margarita	Daisy
Orquídea	Phong Lan
Peonía	Hoa mẫu Đơn
Pétalo	Cánh Hoa
Plumeria	Plumeria
Ramo	Bó Hoa
Rosa	Hoa Hồng
Trébol	Cỏ ba Lá
Tulipán	Lời Khuyên

Formas
Hình Dạng

Arco	Cung
Bordes	Cạnh
Cilindro	Hình Trụ
Círculo	Vòng Tròn
Cono	Nón
Cuadrado	Quảng Trường
Curva	Đường Cong
Elipse	Ellipse
Esfera	Cầu
Esquina	Góc
Hipérbola	Hyperbola
Lado	Bên
Línea	Hàng
Pirámide	Kim tự Tháp
Polígono	Đa Giác
Prisma	Lăng
Rectángulo	Hình chữ Nhật
Ronda	Vòng
Triángulo	Tam Giác

Fruta
Trái Cây

Aguacate	Trái Bơ
Albaricoque	Quả Mơ
Baya	Quả Mọng
Cereza	Quả anh Đào
Coco	Dừa
Frambuesa	Mâm Xôi
Guayaba	Ổi
Kiwi	Quả Kiwi
Limón	Chanh
Mango	Trái Xoài
Manzana	Táo
Melocotón	Đào
Melón	Dưa
Naranja	Cam
Nectarina	Cây Xuân Đào
Papaya	Đu Đủ
Pera	Lê
Piña	Dứa
Plátano	Chuối
Uva	Nho

Fuerza y Gravedad
Lực Lượng và Trọng Lực

Centro	Trung Tâm
Descubrimiento	Khám Phá
Dinámico	Năng Động
Distancia	Khoảng Cách
Eje	Trục
Expansión	Mở Rộng
Física	Vật Lý
Fricción	Ma Sát
Magnetismo	Từ Tính
Magnitud	Cường Độ
Mecánica	Cơ Khí
Movimiento	Cử Động
Órbita	Quỹ Đạo
Peso	Cân Nặng
Planetas	Hành Tinh
Presión	Sức Ép
Propiedades	Tính Chất
Tiempo	Thời Gian
Universal	Phổ
Velocidad	Tốc Độ

Geografía
Môn địa Lý

Altitud	Độ Cao
Atlas	Atlas
Ciudad	Thành Phố
Continente	Lục Địa
Hemisferio	Bán Cầu
Isla	Đảo
Latitud	Vĩ Độ
Longitud	Kinh Độ
Mapa	Bản Đồ
Mar	Biển
Meridiano	Kinh Tuyến
Montaña	Núi
Mundo	Thế Giới
Norte	Bắc
Oeste	Hướng Tây
País	Quốc Gia
Región	Khu Vực
Río	Sông
Sur	Phía Nam
Territorio	Lãnh Thổ

Geología
Địa Chất Học

Ácido	Axit
Calcio	Calcium
Capa	Lớp
Caverna	Hang Động
Continente	Lục Địa
Coral	San Hô
Cristales	Tinh Thể
Cuarzo	Thạch Anh
Erosión	Xói Mòn
Estalactita	Nhũ Đá
Estalagmitas	Măng Đá
Fósil	Hóa Thạch
Lava	Dung Nham
Meseta	Cao Nguyên
Minerales	Khoáng Sản
Piedra	Đá
Sal	Muối
Terremoto	Động Đất
Volcán	Núi Lửa
Zona	Vùng

Geometría
Hình Học

Altura	Chiều Cao
Ángulo	Góc
Cálculo	Tính Toán
Curva	Đường Cong
Diámetro	Đường Kính
Dimensión	Kích Thước
Ecuación	Phương Trình
Horizontal	Ngang
Lógica	Hợp Lý
Masa	Khối Lượng
Mediana	Trung Bình
Número	Số
Paralelo	Song Song
Proporción	Tỷ Lệ
Segmento	Khúc
Simetría	Đối Xứng
Superficie	Bề Mặt
Teoría	Học Thuyết
Triángulo	Tam Giác
Vertical	Thẳng Đứng

Gobierno
Chính Quyền

Ciudadanía	Quốc Tịch
Civil	Dân Sự
Constitución	Hiến Pháp
Democracia	Dân Chủ
Derechos	Quyền
Discurso	Phát Biểu
Discusión	Thảo Luận
Distrito	Quận
Estado	Tiểu Bang
Igualdad	Bình Đẳng
Independencia	Độc Lập
Judicial	Tư Pháp
Justicia	Sự Công Bằng
Ley	Luật
Libertad	Tự Do
Líder	Lãnh Đạo
Monumento	Monument
Nación	Quốc Gia
Política	Chính Trị
Símbolo	Biểu Tượng

Granja #1
Trang Trại số 1

Abeja	Con Ong
Agricultura	Nông Nghiệp
Agua	Nước
Arroz	Gạo
Burro	Donkey
Caballo	Ngựa
Cabra	Dê
Campo	Trường
Cuervo	Con Quạ
Fertilizante	Phân Bón
Gato	Con Mèo
Heno	Cỏ Khô
Miel	Mật Ong
Perro	Chó
Pollo	Gà
Semillas	Hạt Giống
Ternero	Bắp Chân
Tierra	Đất
Vaca	Bò
Valla	Hàng Rào

Granja #2
Trang Trại số 2

Agricultor	Nông Dân
Animales	Động Vật
Cebada	Lúa Mạch
Colmena	Tổ Ong
Comida	Thức Ăn
Fruta	Trái Cây
Gansos	Ngỗng
Granero	Vựa
Huerto	Thẻ
Leche	Sữa
Maduro	Chín
Maíz	Ngô
Molino	Cối xay Gió
Oveja	Cừu
Pato	Vịt
Prado	Đồng Cỏ
Riego	Thủy Lợi
Tractor	Máy Kéo
Trigo	Lúa Mì
Vegetal	Rau

Herboristería
Chủ Nghĩa Thảo Dược

Ajo	Tỏi
Albahaca	Húng Quế
Aromático	Thơm
Azafrán	Nghệ Tây
Calidad	Chất Lượng
Culinario	Ẩm Thực
Eneldo	Rau thì Là
Estragón	Giấm
Flor	Hoa
Hinojo	Thì Là
Ingrediente	Thành Phần
Jardín	Vườn
Lavanda	Hoa oải Hương
Mejorana	Lá Kinh Giới
Menta	Bạc Hà
Perejil	Mùi Tây
Planta	Thực Vật
Romero	Rosemary
Sabor	Hương Vị
Verde	Xanh

Ingeniería
Kỹ Thuật

Ángulo	Góc
Cálculo	Tính Toán
Construcción	Xây Dựng
Diagrama	Sơ Đồ
Diámetro	Đường Kính
Diesel	Diesel
Distribución	Phân Phối
Eje	Trục
Energía	Năng Lượng
Estabilidad	Ổn Định
Estructura	Kết Cấu
Fricción	Ma Sát
Fuerza	Sức Mạnh
Líquido	Chất Lỏng
Máquina	Máy
Medición	Đo
Motor	Động Cơ
Palancas	Đòn Bẩy
Profundidad	Độ Sâu
Propulsión	Đẩy

Insectos
Côn Trùng

Abeja	Con Ong
Avispa	Ong
Avispón	Hornet
Áfido	Rệp
Cigarra	Con ve Sầu
Cucaracha	Gián
Escarabajo	Bọ Cánh Cứng
Gusano	Sâu
Hormiga	Kiến
Langosta	Cào Cào
Larva	Ấu Trùng
Mantis	Bọ Ngựa
Mariposa	Bướm
Mariquita	Ladybug
Mosquito	Muỗi
Polilla	Bướm Đêm
Pulga	Bọ Chét
Saltamontes	Châu Chấu
Termita	Mối

Instrumentos Musicales
Nhạc Cụ

Armónica	Harmonica
Arpa	Đàn Hạc
Banjo	Bass
Baquetas	Đùi
Clarinete	Clarinet
Fagot	Dàn Nhạc
Flauta	Sáo
Gong	Chiêng
Guitarra	Đàn ghi Ta
Mandolina	Mandolin
Marimba	Marimba
Pandereta	Lục Lạc
Percusión	Gõ
Piano	Dương Cầm
Saxofón	Saxophone
Tambor	Trống
Trombón	Trombone
Trompeta	Kèn
Violín	Đàn vi ô Lông
Violonchelo	Cello

Jardín
Khu Vườn

Arbusto	Bụi Cây
Árbol	Cây
Banco	Băng Ghế
Estanque	Ao
Flor	Hoa
Garaje	Ga-Ra
Hamaca	Võng
Hierba	Cỏ
Huerto	Thẻ
Jardín	Vườn
Malezas	Weeds
Manguera	Vòi
Pala	Xẻng
Porche	Hiên
Rastrillo	Cào
Rocas	Đá
Suelo	Đất
Terraza	Sân Thượng
Trampolín	Tấm Bạt
Valla	Hàng Rào

Jazz
Nhạc Jazz

Artista	Nghệ Sĩ
Álbum	Album
Canción	Bài Hát
Composición	Thành Phần
Compositor	Nhà Soạn Nhạc
Concierto	Buổi hòa Nhạc
Estilo	Phong Cách
Énfasis	Nhấn Mạnh
Famoso	Nổi Danh
Favoritos	Yêu Thích
Género	Thể Loại
Improvisación	Hứng
Música	Âm Nhạc
Nuevo	Mới
Orquesta	Dàn Nhạc
Ritmo	Nhịp
Talento	Tài Năng
Tambores	Trống
Técnica	Kỹ Thuật
Viejo	Cũ

La Empresa
Các Công Ty

Calidad	Chất Lượng
Creativo	Sáng Tạo
Decisión	Quyết Định
Empleo	Việc Làm
Global	Toàn Cầu
Industria	Công Nghiệp
Ingresos	Doanh Thu
Inversión	Đầu Tư
Negocio	Kinh Doanh
Posibilidad	Khả Năng
Presentación	Trình Bày
Producto	Sản Phẩm
Profesional	Chuyên Nghiệp
Progreso	Tiến Bộ
Recursos	Tài Nguyên
Reputación	Danh Tiếng
Riesgos	Rủi Ro
Salarios	Tiền Lương
Tendencias	Xu Hướng
Unidades	Đơn Vị

Libros
Sách

Autor	Tác Giả
Colección	Bộ sưu Tập
Contexto	Bối Cảnh
Dualidad	Kéo Dài
Escrito	Viết
Historia	Câu Chuyện
Histórico	Lịch Sử
Humorístico	Hài Hước
Inmersión	Ngâm
Inventivo	Sáng Tạo
Lector	Người Đọc
Literario	Văn Học
Novela	Tiểu Thuyết
Palabras	Từ
Página	Trang
Pertinente	Có Liên Quan
Poema	Bài Thơ
Poesía	Thơ
Serie	Loạt
Trágico	Bi Kịch

Literatura
Văn Học

Analogía	Tương Tự
Análisis	Phân Tích
Anécdota	Giai Thoại
Autor	Tác Giả
Biografía	Tiểu Sử
Comparación	So Sánh
Conclusión	Phần kết Luận
Descripción	Sự Miêu Tả
Diálogo	Hội Thoại
Estilo	Phong Cách
Ficción	Viễn Tưởng
Metáfora	Ẩn Dụ
Novela	Tiểu Thuyết
Opinión	Ý Kiến
Poema	Bài Thơ
Poético	Thơ
Rima	Vần
Ritmo	Nhịp
Tema	Chủ Đề
Tragedia	Bi Kịch

Los Medios de Comunicación
Các Phương Tiện Truyền T

Actitudes	Thái Độ
Comercial	Thương Mại
Comunicación	Liên Lạc
Digital	Kỹ Thuật Số
Edición	Phiên Bản
Educación	Giáo Dục
En Línea	Trực Tuyến
Financiación	Kinh Phí
Fotos	Ảnh
Hechos	Sự Thật
Individual	Cá Nhân
Industria	Công Nghiệp
Intelectual	Trí Tuệ
Local	Địa Phương
Opinión	Ý Kiến
Periódicos	Báo
Público	Công Cộng
Radio	Đài
Red	Mạng
Revistas	Tạp Chí

Mamíferos
Động vật có Vú

Ballena	Cá Voi
Burro	Donkey
Caballo	Ngựa
Camello	Lạc Đà
Canguro	Kangaroo
Cebra	Ngựa Vằn
Conejo	Thỏ
Coyote	Coyote
Delfín	Cá Heo
Elefante	Con Voi
Gato	Con Mèo
Gorila	Khỉ Đột
Jirafa	Hươu cao Cổ
Lobo	Chó Sói
Mono	Khỉ
Oso	Gấu
Oveja	Cừu
Perro	Chó
Toro	Bò Đực
Zorro	Cáo

Matemáticas
Toán Học

Aritmética	Số Học
Ángulos	Góc
Cuadrado	Quảng Trường
Decimal	Thập Phân
Diámetro	Đường Kính
Ecuación	Phương Trình
Esfera	Cầu
Exponente	Mũ
Fracción	Phân Số
Geometría	Hình Học
Números	Số
Paralelo	Song Song
Perímetro	Chu Vi
Perpendicular	Vuông Góc
Polígono	Đa Giác
Radio	Bán Kính
Rectángulo	Hình chữ Nhật
Simetría	Đối Xứng
Triángulo	Tam Giác
Volumen	Âm Lượng

Mediciones
Các Phép Đo

Altura	Chiều Cao
Ancho	Chiều Rộng
Byte	Byte
Centímetro	Centimet
Decimal	Thập Phân
Grado	Trình Độ
Gramo	Gram
Kilogramo	Kilôgam
Kilómetro	Kilômét
Litro	Lít
Longitud	Chiều Dài
Masa	Khối Lượng
Metro	Mét
Minuto	Phút
Onza	Ounce
Peso	Cân Nặng
Profundidad	Độ Sâu
Pulgada	Inch
Tonelada	Tấn
Volumen	Âm Lượng

Meditación
Thiền

Aceptación	Chấp Nhận
Atención	Chú Ý
Bondad	Lòng Tốt
Calma	Lặng
Claridad	Rõ Ràng
Compasión	Thương Hại
Emociones	Cảm Xúc
Gratitud	Lòng Biết Ơn
Mental	Tâm Thần
Mente	Lí Trí
Movimiento	Phong Trào
Música	Âm Nhạc
Naturaleza	Thiên Nhiên
Observación	Quan Sát
Paz	Hòa Bình
Pensamientos	Suy Nghĩ
Perspectiva	Quan Điểm
Postura	Tư Thế
Respiración	Thở
Silencio	Im Lặng

Mitología
Thần Thoại

Arquetipo	Nguyên Mẫu
Celos	Ghen
Cielo	Thiên Đường
Comportamiento	Hành Vi
Creación	Sáng Tạo
Creencias	Niềm Tin
Criatura	Sinh Vật
Cultura	Văn Hoá
Desastre	Thảm Họa
Fuerza	Sức Mạnh
Guerrero	Chiến Binh
Héroe	Anh Hùng
Inmortalidad	Sự bất Tử
Laberinto	Mê Cung
Leyenda	Truyền Thuyết
Monstruo	Quái Vật
Mortal	Có Chết
Rayo	Sét
Trueno	Sấm
Venganza	Trả Thù

Moda
Thời Trang

Bordado	Nghề Thêu
Botones	Nút
Boutique	Cửa Hàng
Caro	Đắt
Elegante	Thanh Lịch
Encaje	Ren
Estilo	Phong Cách
Mediciones	Đo
Minimalista	Tối Giản
Moderno	Hiện Đại
Modesto	Khiêm Tốn
Original	Gốc
Patrón	Mẫu
Práctico	Thực Tế
Ropa	Quần Áo
Sencillo	Đơn Giản
Sofisticado	Tinh Vi
Tejido	Vải
Tendencia	Xu Hướng
Textura	Kết Cấu

Música
Âm Nhạc

Armonía	Hòa Hợp
Álbum	Album
Balada	Ballad
Cantante	Ca Sĩ
Cantar	Hát
Clásico	Cổ Điển
Coro	Điệp Khúc
Grabación	Ghi Âm
Improvisar	Ứng Biến
Instrumento	Dụng Cụ
Melodía	Giai Điệu
Micrófono	Microphone
Musical	Âm Nhạc
Músico	Nhạc Sĩ
Ópera	Opera
Poético	Thơ
Ritmo	Nhịp
Rítmico	Nhịp Nhàng
Tempo	Tiến Độ
Vocal	Giọng Hát

Naturaleza
Thiên Nhiên

Abejas	Ong
Animales	Động Vật
Ártico	Bắc Cực
Belleza	Vẻ Đẹp
Bosque	Rừng
Desierto	Sa Mạc
Dinámico	Năng Động
Erosión	Xói Mòn
Follaje	Lá
Glaciar	Sông Băng
Montañas	Núi
Niebla	Sương Mù
Nubes	Đám Mây
Pacífico	Hòa Bình
Río	Sông
Salvaje	Hoang Dã
Santuario	Thánh
Sereno	Serene
Tropical	Nhiệt Đới
Vital	Quan Trọng

Negocio
Doanh Nghiệp

Carrera	Nghề Nghiệp
Costo	Chi Phí
Descuento	Giảm Giá
Dinero	Tiền
Economía	Kinh Tế
Empleado	Nhân Viên
Empleador	Chủ Nhân
Empresa	Công Ty
Fábrica	Nhà Máy
Finanzas	Tài Chính
Impuestos	Thuế
Ingreso	Thu Nhập
Inversión	Đầu Tư
Mercancía	Hàng Hóa
Moneda	Tiền Tệ
Oficina	Văn Phòng
Presupuesto	Ngân Sách
Tienda	Cửa Tiệm
Transacción	Giao Dịch
Venta	Bán

Nutrición
Dinh Dưỡng

Amargo	Đắng
Apetito	Ngon
Calidad	Chất Lượng
Calorías	Calo
Carbohidratos	Carbohydrate
Cereales	Ngũ Cốc
Comestible	Ăn Được
Dieta	Ăn Kiêng
Digestión	Tiêu Hóa
Equilibrado	Cân Bằng
Fermentación	Lên Men
Hábitos	Thói Quen
Peso	Cân Nặng
Proteínas	Protein
Sabor	Hương Vị
Salsa	Nước Xốt
Salud	Sức Khỏe
Saludable	Khỏe Mạnh
Toxina	Độc Tố
Vitamina	Vitamin

Números
Con Số

Catorce	Mười Bốn
Cero	Số Không
Cinco	Năm
Cuatro	Bốn
Decimal	Thập Phân
Diecinueve	Mười Chín
Dieciocho	Mười Tám
Dieciséis	Mười Sáu
Diecisiete	Mười Bảy
Diez	Mười
Doce	Mười Hai
Dos	Hai
Nueve	Chín
Ocho	Tám
Quince	Mười Lăm
Seis	Sáu
Siete	Bảy
Trece	Mười Ba
Tres	Ba
Veinte	Hai Mươi

Océano
Đại Dương

Alga	Tảo
Anguila	Lươn
Arrecife	Trả Lại
Atún	Cá Ngừ
Ballena	Cá Voi
Barco	Thuyền
Camarón	Tôm
Cangrejo	Cua
Coral	San Hô
Delfín	Cá Heo
Esponja	Bọt Biển
Mareas	Thủy Triều
Medusa	Sứa
Ostra	Hàu
Pescado	Cá
Pulpo	Bạch Tuộc
Sal	Muối
Tiburón	Cá Mập
Tormenta	Bão Táp
Tortuga	Rùa

Paisajes
Phong Cảnh

Acantilado	Vách Đá
Cascada	Thác Nước
Cueva	Hang
Desierto	Sa Mạc
Estuario	Cửa Sông
Glaciar	Sông Băng
Golfo	Vịnh
Isla	Đảo
Lago	Hồ
Laguna	Đầm
Mar	Biển
Montaña	Núi
Oasis	Ốc Đảo
Pantano	Đầm Lầy
Península	Bán Đảo
Playa	Bãi Biển
Río	Sông
Tundra	Lãnh Nguyên
Valle	Thung Lũng
Volcán	Núi Lửa

Países #1
Quốc gia số 1

Alemania	Đức
Argentina	Argentina
Bélgica	Bỉ
Brasil	Brazil
Canadá	Canada
Ecuador	Ecuador
Egipto	Ai Cập
España	Tây ban Nha
Filipinas	Philippines
Honduras	Honduras
India	Ấn Độ
Italia	Ý
Libia	Libya
Malí	Mali
Marruecos	Morocco
Nicaragua	Nicaragua
Noruega	Na Uy
Panamá	Panama
Polonia	Ba Lan
Venezuela	Venezuela

Países #2
Quốc gia # 2

Albania	Albania
Australia	Vietnam
Austria	Áo
Dinamarca	Đan Mạch
Etiopía	Ethiopia
Francia	Pháp
Grecia	Hy Lạp
Indonesia	Indonesia
Irlanda	Ireland
Jamaica	Jamaica
Japón	Nhật Bản
Laos	Lào
México	Mexico
Pakistán	Pakistan
Portugal	Bồ đào Nha
Rusia	Nga
Siria	Syria
Sudán	Sudan
Ucrania	Ukraina
Uganda	Uganda

Pájaros
Chim

Avestruz	Đà Điểu
Águila	Đại Bàng
Cigüeña	Cò
Cisne	Thiên Nga
Cuco	Chim Cu
Cuervo	Con Quạ
Flamenco	Flamingo
Ganso	Ngỗng
Garza	Diệc
Gaviota	Mòng Biển
Gorrión	Chim Sẻ
Halcón	Diều Hâu
Huevo	Trứng
Loro	Con Vẹt
Paloma	Chim bồ Câu
Pato	Vịt
Pelícano	Bồ Nông
Pingüino	Chim Cánh Cụt
Pollo	Gà
Tucán	Toucan

Pesca
Đánh bắt Cá

Agua	Nước
Aletas	Vây
Barco	Thuyền
Branquias	Mang
Cable	Dây
Cebo	Mồi
Cesta	Cái Rổ
Cocinar	Nấu
Equipo	Thiết Bị
Exageración	Phóng Đại
Gancho	Móc
Lago	Hồ
Mandíbula	Hàm
Océano	Đại Dương
Paciencia	Kiên Nhẫn
Peso	Cân Nặng
Playa	Bãi Biển
Río	Sông
Temporada	Mùa

Plantas
Cây

Arbusto	Bụi Cây
Árbol	Cây
Bambú	Tre
Baya	Quả Mọng
Bosque	Rừng
Botánica	Thực vật Học
Cactus	Xương Rồng
Fertilizante	Phân Bón
Flor	Hoa
Flora	Flora
Follaje	Lá
Frijol	Hạt Đậu
Hiedra	Ivy
Hierba	Cỏ
Jardín	Vườn
Musgo	Rêu
Pétalo	Cánh Hoa
Raíz	Nguồn Gốc
Sol	Mặt Trời
Vegetación	Thực Vật

Profesiones #1
Nghề Nghiệp số 1

Abogado	Luật Sư
Artista	Nghệ Sĩ
Atleta	Lực Sĩ
Bailarín	Vũ Công
Banquero	Ngân Hàng
Bombero	Lính cứu Hỏa
Cazador	Thợ Săn
Científico	Nhà Khoa Học
Doctor	Bác Sĩ
Editor	Biên tập Viên
Embajador	Đại Sứ
Enfermera	Y Tá
Fontanero	Plumber
Geólogo	Nhà địa Chất
Joyero	Jeweler
Marinero	Thủy Thủ
Músico	Nhạc Sĩ
Pianista	Nghệ sĩ Piano
Sastre	Thợ May
Veterinario	Bác sĩ thú Y

Psicología
Tâm lý Học

Cita	Cuộc Hẹn
Clínico	Lâm Sàng
Cognición	Nhận Thức
Comportamiento	Hành Vi
Conflicto	Xung Đột
Ego	Cái Tôi
Emociones	Cảm Xúc
Evaluación	Đánh Giá
Experiencias	Kinh Nghiệm
Ideas	Ý Tưởng
Inconsciente	Bất Tỉnh
Infancia	Thời thơ Ấu
Pensamientos	Suy Nghĩ
Personalidad	Cá Tính
Problema	Vấn Đề
Realidad	Thực Tế
Sensación	Cảm Giác
Subconsciente	Tiềm Thức
Sueños	Giấc Mơ
Terapia	Trị Liệu

Química
Hóa Học

Alcalino	Kiềm
Ácido	Axit
Calor	Nhiệt
Carbono	Carbon
Catalizador	Chất xúc Tác
Cloro	Clo
Electrón	Điện Tử
Enzima	Enzyme
Gas	Khí
Hidrógeno	Hydro
Ion	Ion
Líquido	Chất Lỏng
Metales	Kim Loại
Molécula	Phân Tử
Nuclear	Hạt Nhân
Oxígeno	Ôxy
Peso	Cân Nặng
Reacción	Phản Ứng
Sal	Muối
Temperatura	Nhiệt Độ

Restaurante #2
Nhà Hàng số 2

Agua	Nước
Almuerzo	Bữa Trưa
Aperitivo	Món Khai Vị
Bebida	Đồ Uống
Camarero	Phục vụ Nam
Cena	Bữa Tối
Cuchara	Cái Thìa
Delicioso	Ngon
Ensalada	Salad
Especias	Gia Vị
Fruta	Trái Cây
Hielo	Băng
Huevos	Trứng
Pastel	Bánh
Pescado	Cá
Sal	Muối
Silla	Ghế
Sopa	Súp
Tenedor	Cái Nĩa
Verduras	Rau

Ropa
Quần Áo

Blusa	Áo Cánh
Bufanda	Khăn Quàng Cổ
Calcetines	Vớ
Camisa	Áo sơ Mi
Chaqueta	Áo Khoác
Cinturón	Thắt Lưng
Collar	Vòng Cổ
Delantal	Tạp Dề
Falda	Váy
Guantes	Găng Tay
Joyas	Trang Sức
Moda	Thời Trang
Pantalones	Quần
Pijama	Pajama
Pulsera	Vòng Tay
Sandalias	Dép
Sombrero	Mũ
Suéter	Áo Len
Vestido	Ăn
Zapato	Giày

Salud y Bienestar #1
Sức Khỏe và sức Khỏe # 1

Activo	Hoạt Động
Altura	Chiều Cao
Bacterias	Vi Khuẩn
Doctor	Bác Sĩ
Farmacia	Tiệm Thuốc
Fractura	Gãy Xương
Hambre	Đói
Hábito	Thói Quen
Hormonas	Kích Thích Tố
Huesos	Xương
Medicina	Thuốc
Músculos	Cơ Bắp
Nervios	Dây Thần Kinh
Piel	Da
Postura	Tư Thế
Reflejo	Phản Xạ
Relajación	Thư Giãn
Terapia	Trị Liệu
Tratamiento	Điều Trị
Virus	Vi Rút

Salud y Bienestar #2
Sức Khỏe và sức Khỏe # 2

Alergia	Dị Ứng
Anatomía	Giải Phẫu Học
Apetito	Ngon
Caloría	Calo
Dieta	Ăn Kiêng
Digestión	Tiêu Hóa
Energía	Năng Lượng
Enfermedad	Bệnh
Estrés	Căng Thẳng
Genética	Di Truyền
Higiene	Vệ Sinh
Hospital	Bệnh Viện
Infección	Nhiễm Trùng
Masaje	Xoa Bóp
Nutrición	Dinh Dưỡng
Peso	Cân Nặng
Recuperación	Phục Hồi
Saludable	Khỏe Mạnh
Sangre	Máu
Vitamina	Vitamin

Senderismo
Đi bộ Đường Dài

Acantilado	Vách Đá
Agua	Nước
Animales	Động Vật
Botas	Giày Ống
Camping	Cắm Trại
Cansado	Mệt
Clima	Khí Hậu
Guías	Hướng Dẫn
Mapa	Bản Đồ
Montaña	Núi
Mosquitos	Muỗi
Naturaleza	Thiên Nhiên
Orientación	Sự Định Hướng
Parques	Công Viên
Pesado	Nặng
Piedras	Đá
Preparación	Chuẩn Bị
Salvaje	Hoang Dã
Sol	Mặt Trời

Suministros de Arte
Đồ Dùng Nghệ Thuật

Aceite	Dầu
Acrílico	Acrylic
Acuarelas	Màu Nước
Agua	Nước
Arcilla	Đất Sét
Borrador	Tẩy
Caballete	Easel
Cámara	Máy Ảnh
Cepillos	Bàn Chải
Colores	Màu Sắc
Creatividad	Sáng Tạo
Ideas	Ý Tưởng
Lápices	Bút Chì
Mesa	Bàn
Papel	Giấy
Pasteles	Pastels
Pegamento	Keo
Pinturas	Sơn
Silla	Ghế
Tinta	Mực

Tecnología
Công Nghệ

Archivo	Tập Tin
Blog	Blog
Bytes	Nội
Cámara	Máy Ảnh
Cursor	Con Trỏ
Datos	Dữ Liệu
Digital	Kỹ Thuật Số
Estadísticas	Thống Kê
Fuente	Chữ
Internet	Internet
Investigación	Nghiên Cứu
Mensaje	Thông Điệp
Navegador	Trình Duyệt
Ordenador	Máy Tính
Pantalla	Màn
Seguridad	An Ninh
Software	Phần Mềm
Virtual	Ảo
Virus	Vi Rút

Tiempo
Thời Gian

Ahora	Bây Giờ
Antes	Trước
Anual	Hàng Năm
Año	Năm
Ayer	Hôm Qua
Calendario	Lịch
Década	Thập Kỷ
Día	Ngày
Futuro	Tương Lai
Hora	Giờ
Hoy	Hôm Nay
Mañana	Buổi Sáng
Mediodía	Buổi Trưa
Mes	Tháng
Minuto	Phút
Momento	Chốc Lát
Noche	Đêm
Reloj	Đồng Hồ
Semana	Tuần
Siglo	Thế Kỷ

Tipos de Cabello
Các Loại Tóc

Blanco	Trắng
Brillante	Sáng Bóng
Calvo	Hói
Coloreado	Màu
Corto	Ngắn
Delgada	Mỏng
Gris	Màu Xám
Grueso	Dày
Largo	Dài
Marrón	Màu Nâu
Negro	Đen
Plata	Bạc
Rizado	Xoăn
Rizos	Curls
Rubio	Tóc Vàng
Saludable	Khỏe Mạnh
Seco	Khô
Suave	Mềm
Trenzado	Bện
Trenzas	Braids

Vacaciones #2
Kỳ Nghỉ số 2

Aeropuerto	Sân Bay
Camping	Cắm Trại
Carpa	Lều
Destino	Điểm Đến
Extranjero	Ngoại Quốc
Fotos	Ảnh
Hotel	Khách Sạn
Isla	Đảo
Mapa	Bản Đồ
Mar	Biển
Montañas	Núi
Ocio	Giải Trí
Pasaporte	Hộ Chiếu
Playa	Bãi Biển
Taxi	Xe tắc Xi
Transporte	Vận Chuyển
Tren	Xe Lửa
Vacaciones	Ngày Lễ
Viaje	Hành Trình
Visa	Thị Thực

Vehículos
Xe Cộ

Ambulancia	Xe cứu Thương
Autobús	Xe Buýt
Avión	Máy Bay
Balsa	Bè
Barco	Thuyền
Bicicleta	Xe Đạp
Camión	Xe Tải
Caravana	Caravan
Coche	Xe Hơi
Cohete	Tên Lửa
Ferry	Phà
Furgoneta	Van
Metro	Xe Điện Ngầm
Motor	Động Cơ
Neumáticos	Lốp
Scooter	Xe tay Ga
Submarino	Tàu Ngầm
Taxi	Xe tắc Xi
Tractor	Máy Kéo
Tren	Xe Lửa

Verduras
Rau Củ

Ajo	Tỏi
Alcachofa	Atisô
Apio	Cần Tây
Berenjena	Cà Tím
Brócoli	Bông cải Xanh
Calabaza	Quả bí Ngô
Cebolla	Hành
Chalote	Củ Hẹ
Ensalada	Salad
Espinacas	Rau Bina
Guisante	Đậu
Jengibre	Gừng
Nabo	Củ Cải
Oliva	Ô Liu
Patata	Khoai Tây
Pepino	Dưa Chuột
Perejil	Mùi Tây
Seta	Nấm
Tomate	Cà Chua
Zanahoria	Cà Rốt

Virtudes #1
Đức Hạnh số 1

Apasionado	Đam Mê
Artístico	Nghệ Thuật
Bien	Tốt
Curioso	Tò Mò
Decisivo	Quyết Định
Eficiente	Hiệu Quả
Encantador	Quyến Rũ
Fiable	Đáng tin Cậy
Generoso	Rộng Lượng
Gracioso	Buồn Cười
Imaginativo	Tưởng Tượng
Independiente	Độc Lập
Inteligente	Thông Minh
Limpio	Dọn Dẹp
Modesto	Khiêm Tốn
Paciente	Kiên Nhẫn
Práctico	Thực Tế
Sabio	Khôn Ngoan
Útil	Hữu Ích

Enhorabuena

Lo has conseguido!

Esperamos que hayas disfrutado de este libro tanto como nosotros al diseñarlo. Nos esforzamos por crear libros de la máxima calidad posible.
Esta edición está diseñada para proporcionar un aprendizaje inteligente, de calidad y divertido!

¿Te ha gustado este libro?

Una Petición Sencilla

Estos libros existen gracias a las reseñas que se publican.
¿Podrías ayudarnos dejando una reseña ahora?
Aquí tienes un breve enlace a la página de reseñas

BestBooksActivity.com/Opiniones50

¡DESAFÍO FINAL!

Reto n°1

¿Estás listo para tu juego gratis? Los utilizamos siempre, pero no son tan fáciles de encontrar. ¡Aquí están los **Sinónimos!**

Escribe 5 palabras que hayas encontrado en los rompecabezas (#21, #36, #76) y trata de encontrar 2 sinónimos para cada palabra.

Escriba 5 palabras del *Puzzle 21*

Palabras	Sinónimo 1	Sinónimo 2

Escriba 5 palabras del *Puzzle 36*

Palabras	Sinónimo 1	Sinónimo 2

Escriba 5 palabras del *Puzzle 76*

Palabras	Sinónimo 1	Sinónimo 2

Reto n°2

Ahora que te has calentado, escribe 5 palabras que hayas encontrado en los Puzzles 9, 17 y 25 e intenta encontrar 2 antónimos para cada palabra. ¿Cuántos puedes encontrar en 20 minutos?

*Escriba 5 palabras del **Puzzle 9***

Palabras	Antónimo 1	Antónimo 2

*Escriba 5 palabras del **Puzzle 17***

Palabras	Antónimo 1	Antónimo 2

*Escriba 5 palabras del **Puzzle 25***

Palabras	Antónimo 1	Antónimo 2

Reto n°3

¡Genial! Este desafío final no es nada para ti.

¿Preparado para el reto final? Elige 10 palabras que hayas descubierto en los diferentes rompecabezas y escríbelas a continuación.

1.	6.
2.	7.
3.	8.
4.	9.
5.	10.

Ahora escribe un texto pensando en una persona, un animal o un lugar que te guste.

Puedes usar la última página de este libro como borrador.

Tu Composición:

CUADERNO DE NOTAS :

HASTA PRONTO !

Todo el Equipo

DESCUBRA JUEGOS GRATIS

GO

↓

BESTACTIVITYBOOKS.COM/FREEGAMES